कविता और शायरी VOL - 7

श्रीराज मेनन

Copyright © Shreeraj Menon
All Rights Reserved.

This book has been published with all efforts taken to make the material error-free after the consent of the author. However, the author and the publisher do not assume and hereby disclaim any liability to any party for any loss, damage, or disruption caused by errors or omissions, whether such errors or omissions result from negligence, accident, or any other cause.

While every effort has been made to avoid any mistake or omission, this publication is being sold on the condition and understanding that neither the author nor the publishers or printers would be liable in any manner to any person by reason of any mistake or omission in this publication or for any action taken or omitted to be taken or advice rendered or accepted on the basis of this work. For any defect in printing or binding the publishers will be liable only to replace the defective copy by another copy of this work then available.

क्रम-सूची

क्रम-सूची

क्रम-सूची

क्रम-सूची

क्रम-सूची

भूमिका

पुस्तक में लेखक द्वारा लिखित हिंदी कविताएँ और शायरी शामिल हैं। इसमें कविताएं, शायरी और प्रेरणादायक उद्धरण शामिल हैं।

इस पुस्तक में लेखक द्वारा लिखी गई कुछ कविताएँ और शायरियाँ हैं जो प्रेम, प्रकृति और जीवन के सामान्य दैनिक पहलुओं पर आधारित हैं। कुछ प्रेरक प्रसंग भी हैं। प्यार में पाया गया प्यार, खोया हुआ प्यार और फिर से जगा हुआ प्यार शामिल है। इसी तरह, प्रकृति में प्रकृति का महत्व है और लोग बिना किसी दुष्प्रभाव के प्रकृति का अपने फायदे के लिए दुरुपयोग करते हैं। सामान्य में जीवन के सामान्य पहलू होते हैं जो लोगों और परिवेश के साथ चलते हैं।

पावती (स्वीकृति)

मैं अपने उन दोस्तों को धन्यवाद देना चाहता हूं जिन्होंने मुझे कविताएं और शायरी लिखने के लिए प्रेरित किया, जिसे मैं कहता था और भूल जाता था। मैं Your Quote प्लेटफॉर्म और उसके सभी सदस्यों और समूहों को भी धन्यवाद देना चाहता हूं जिन्होंने मुझे अनुमति दी और मुझे इसके मंच पर अपनी सामग्री लिखने के लिए प्रेरित किया। मैं नोशन प्रेस और उसके सभी सदस्यों को भी धन्यवाद देना चाहता हूं जिन्होंने मुझे अपनी सामग्री को अपने मंच और समय-समय पर मार्गदर्शन के माध्यम से प्रकाशित करने की अनुमति दी, जो उन्होंने मुझे मेरी त्रुटियों को ठीक करने के लिए दिया।

1. आज की नारी

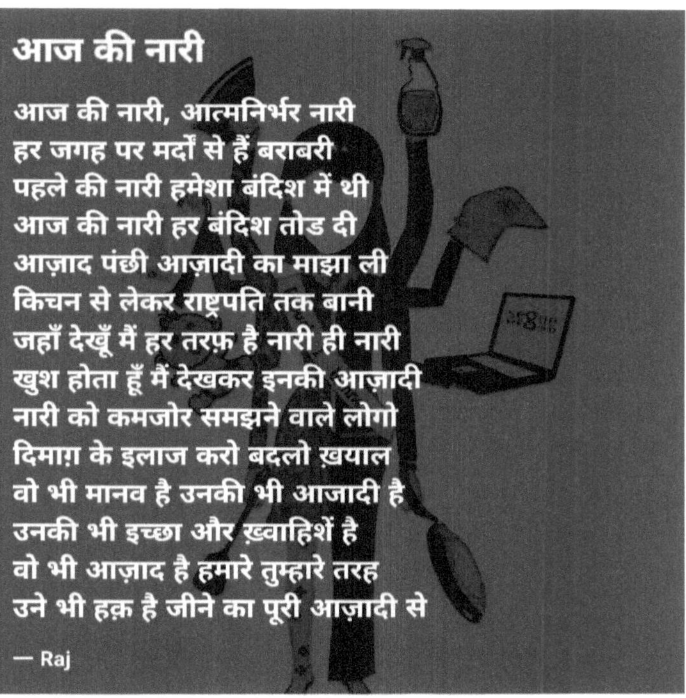

आज की नारी

आज की नारी, आत्मनिर्भर नारी
हर जगह पर मर्दों से हैं बराबरी
पहले की नारी हमेशा बंदिश में थी
आज की नारी हर बंदिश तोड़ दी
आज़ाद पंछी आज़ादी का माझा ली
किचन से लेकर राष्ट्रपति तक बानी
जहाँ देखूँ मैं हर तरफ़ है नारी ही नारी
खुश होता हूँ मैं देखकर इनकी आज़ादी
नारी को कमजोर समझने वाले लोगो
दिमाग़ के इलाज करो बदलो ख़याल
वो भी मानव है उनकी भी आजादी है
उनकी भी इच्छा और ख़्वाहिशें है
वो भी आज़ाद है हमारे तुम्हारे तरह
उने भी हक़ है जीने का पूरी आज़ादी से

— Raj

2. ईद का चाँद

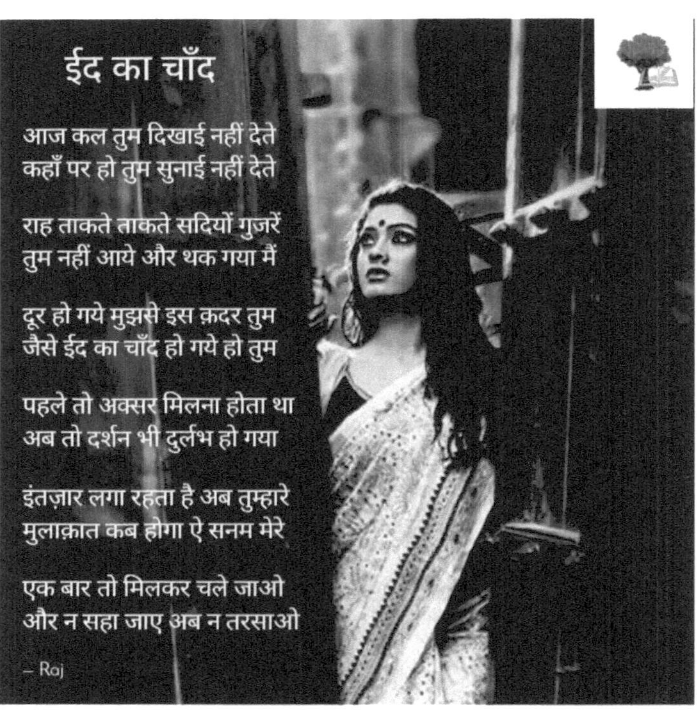

ईद का चाँद

आज कल तुम दिखाई नहीं देते
कहाँ पर हो तुम सुनाई नहीं देते

राह ताकते ताकते सदियों गुजरें
तुम नहीं आये और थक गया मैं

दूर हो गये मुझसे इस क़दर तुम
जैसे ईद का चाँद हो गये हो तुम

पहले तो अक्सर मिलना होता था
अब तो दर्शन भी दुर्लभ हो गया

इंतज़ार लगा रहता है अब तुम्हारे
मुलाक़ात कब होगा ऐ सनम मेरे

एक बार तो मिलकर चले जाओ
और न सहा जाए अब न तरसाओ

– Raj

3. प्रेम से भरा हृदय

प्रेम से भरा हृदय
आकाश को समेट लेता है
पर क्या करें वो हृदय
हर वक़्त चोट खाते भी है

मतलब से भरी इस दुनिया में
कुछ अच्छे की उम्मीद न हो
चोट खाना तो लाज़मी है
जब हृदय प्रेम से भरा हो

— Raj

4. चमकता है सितारा

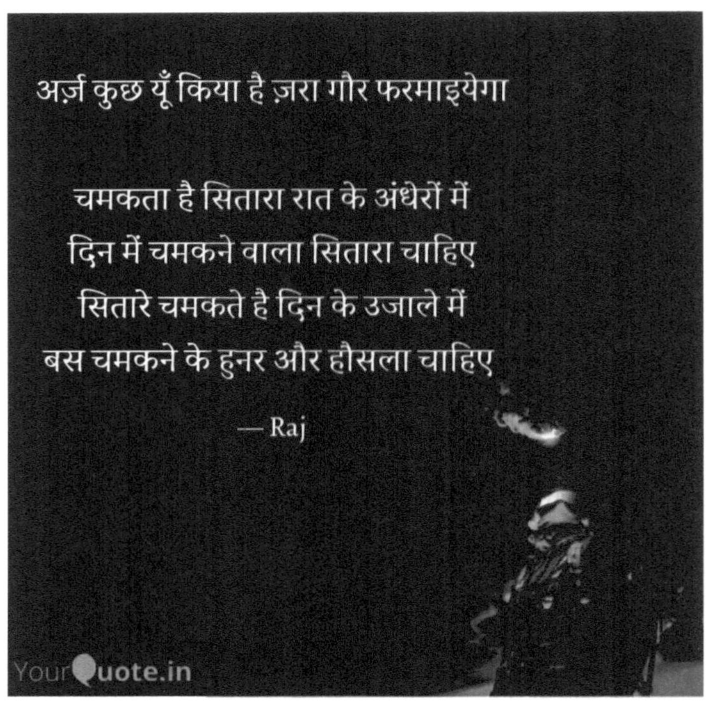

अर्ज़ कुछ यूँ किया है ज़रा गौर फरमाइयेगा

चमकता है सितारा रात के अंधेरों में
दिन में चमकने वाला सितारा चाहिए
सितारे चमकते है दिन के उजाले में
बस चमकने के हुनर और हौसला चाहिए

—Raj

5. आज़ाद पंछी

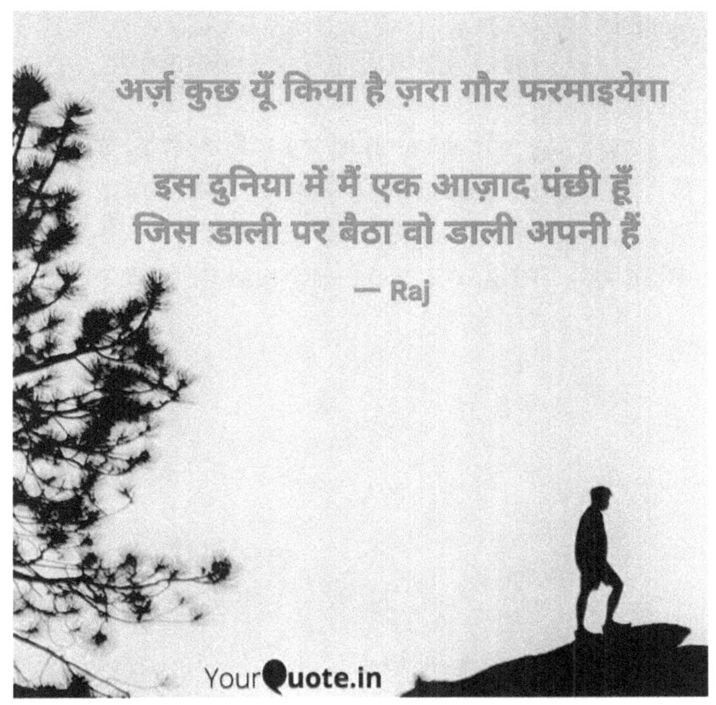

अर्ज़ कुछ यूँ किया है ज़रा गौर फरमाइयेगा

इस दुनिया में मैं एक आज़ाद पंछी हूँ
जिस डाली पर बैठा वो डाली अपनी हैं

— Raj

YourQuote.in

6. इश्क़ किया नहीं जाता

अर्ज़ कुछ यूँ किया है ज़रा गौर फरमाइयेगा

इश्क़ किया नहीं जाता वो हो जाता है वक़्त के चलते
प्यार कहा नहीं जाता उसे महसूस किया जाता हैं
बड़े झूठे होते हैं वो लोग जो आई लव यू कहते है
निभा नहीं पाते है वो लव को बीच रास्ते ही छोड़ जाते हैं

— Raj

7. मौसम-ए-इश्क़

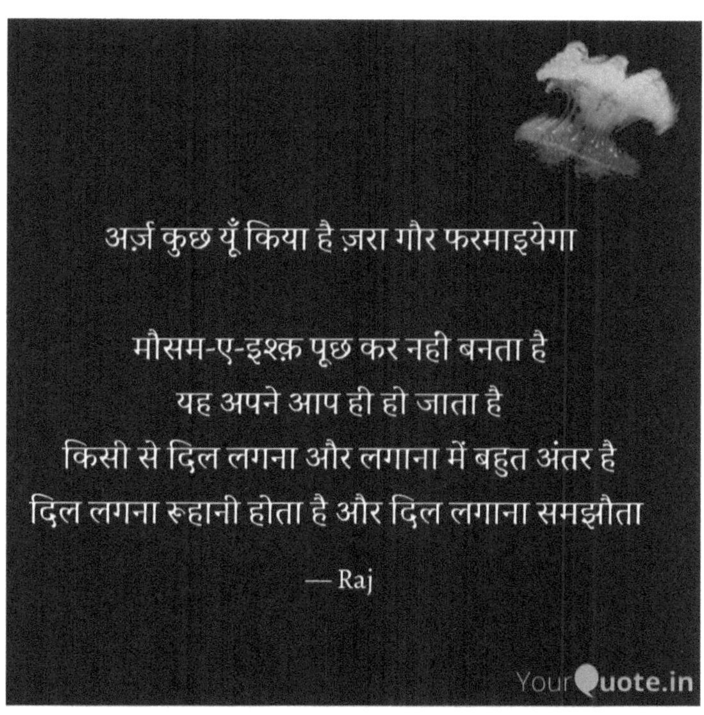

अर्ज़ कुछ यूँ किया है ज़रा गौर फरमाइयेगा

मौसम-ए-इश्क़ पूछ कर नही बनता है
यह अपने आप ही हो जाता है
किसी से दिल लगना और लगाना में बहुत अंतर है
दिल लगना रूहानी होता है और दिल लगाना समझौता

—Raj

8. पत्थर को पिघल दें

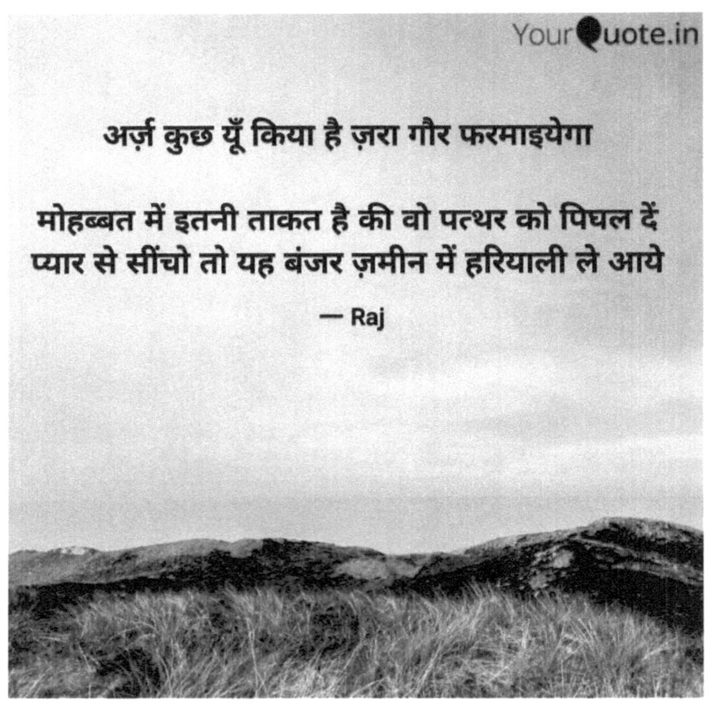

Your Quote.in
अर्ज़ कुछ यूँ किया है ज़रा गौर फरमाइयेगा
मोहब्बत में इतनी ताकत है की वो पत्थर को पिघल दें
प्यार से सींचो तो यह बंजर ज़मीन में हरियाली ले आये
— Raj

9. नशे में चूर होकर

अर्ज़ कुछ यूँ किया है ज़रा गौर फरमाइयेगा

नशें में चूर होकर अगर किसी को पुकारू तो वो कौन होगा
नशें में चूर होकर अगर किसी को पुकारू तो वो कौन होगा
ज़रा अंदाज़ा तो लगा.....

ज़रा अंदाज़ा तो लगा...
वो दोस्त के सिवा और कौन होगा

रिश्तेदार तो बहुत दूर के होते है
यहाँ नज़दीक में तो अपने यार होता है
दिल से भी और कर्म से भी

— Raj

10. ससुराल

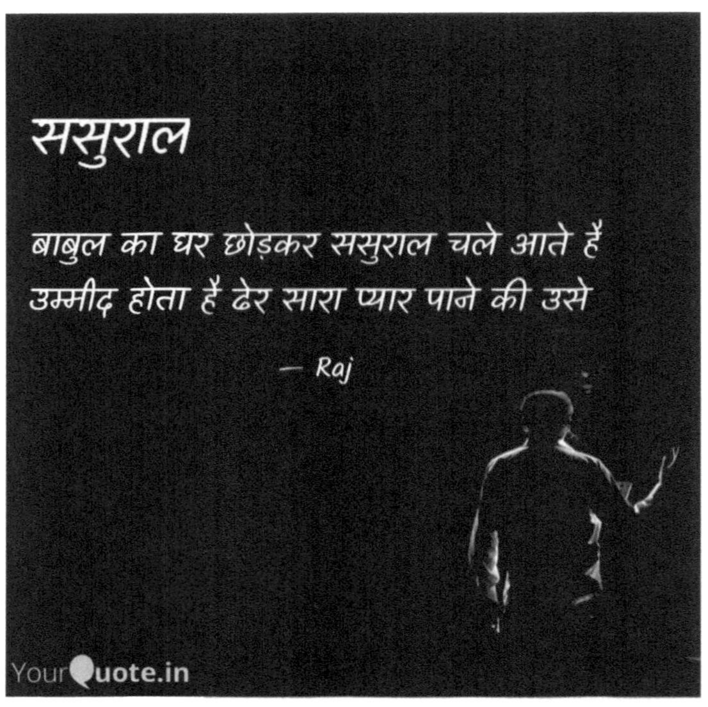

ससुराल

बाबुल का घर छोड़कर ससुराल चले आते है
उम्मीद होता है ढेर सारा प्यार पाने की उसे

— Raj

YourQuote.in

11. विकलांगता

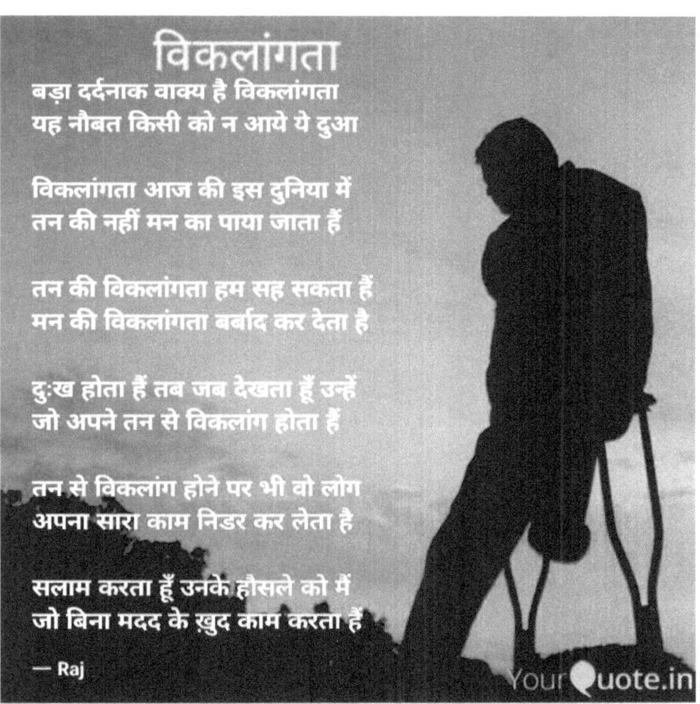

विकलांगता
बड़ा दर्दनाक वाक्य है विकलांगता
यह नौबत किसी को न आये ये दुआ

विकलांगता आज की इस दुनिया में
तन की नहीं मन का पाया जाता हैं

तन की विकलांगता हम सह सकता हैं
मन की विकलांगता बर्बाद कर देता है

दुःख होता हैं तब जब देखता हूँ उन्हें
जो अपने तन से विकलांग होता हैं

तन से विकलांग होने पर भी वो लोग
अपना सारा काम निडर कर लेता है

सलाम करता हूँ उनके हौसले को मैं
जो बिना मदद के ख़ुद काम करता हैं

— Raj

12. बेपरवाह

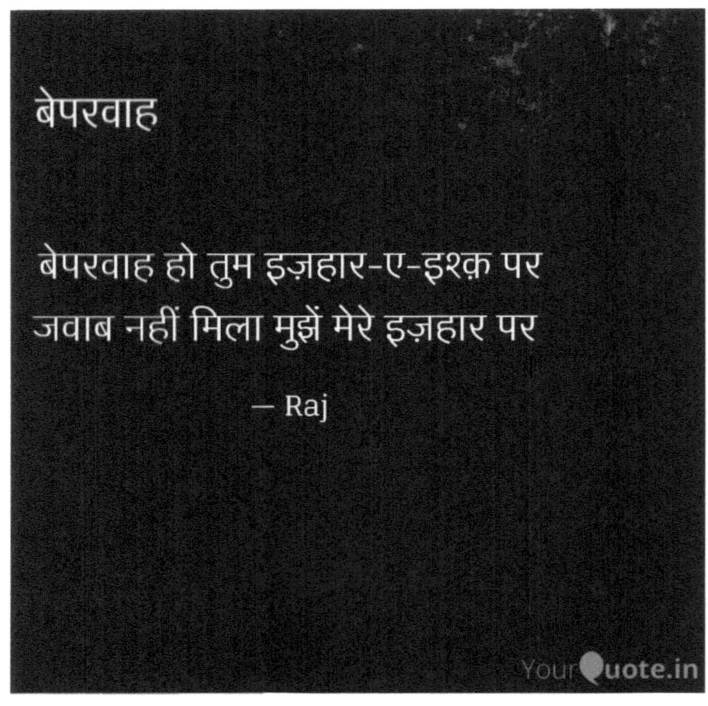

13. भुला देना

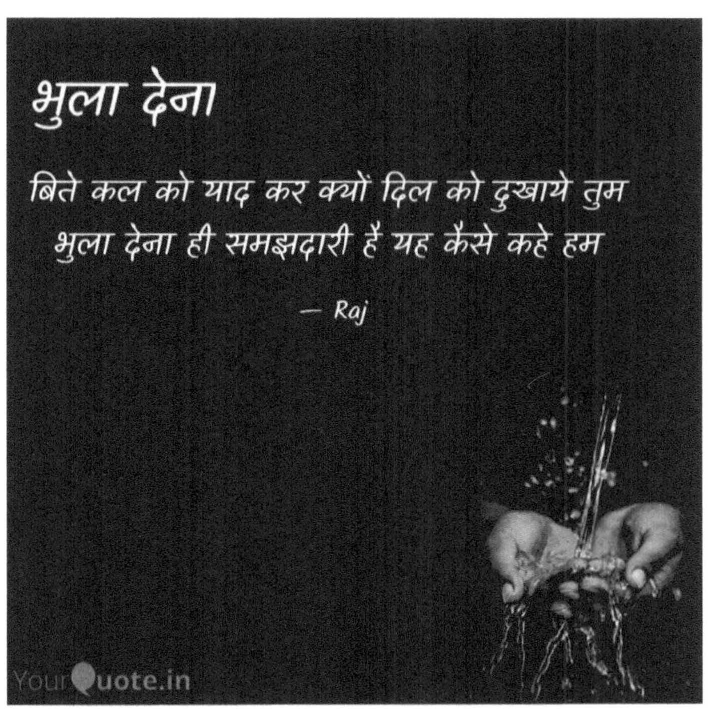

14. फूल से हैं शब्द

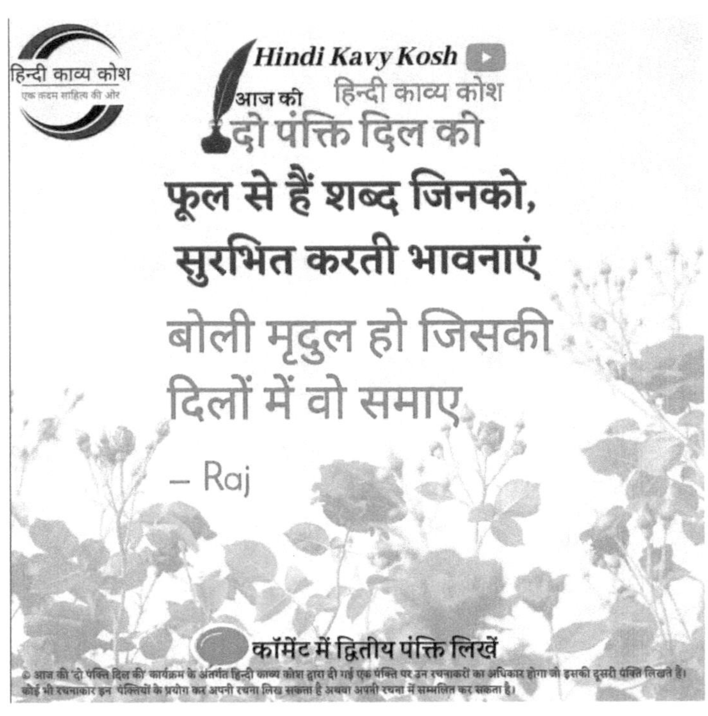

Hindi Kavy Kosh
हिन्दी काव्य कोश
आज की
दो पंक्ति दिल की
फूल से हैं शब्द जिनको,
सुरभित करती भावनाएं
बोली मृदुल हो जिसकी
दिलों में वो समाए
– Raj
कॉमेंट में द्वितीय पंक्ति लिखें

15. नम्रता सिखलाती हैं

16. लौट सका न कोई

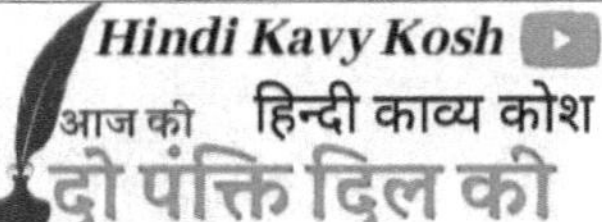

Hindi Kavy Kosh
आज की हिन्दी काव्य कोश
दो पंक्ति दिल की

जाकर लौट सका न कोई,
अनदेखी उस दुनिया से

देकर दर्द अपनों को कहीं
यादें छोड़कर इस दुनिया में

– Raj

कॉमेंट में द्वितीय पंक्ति लिखें

17. दिल की बात

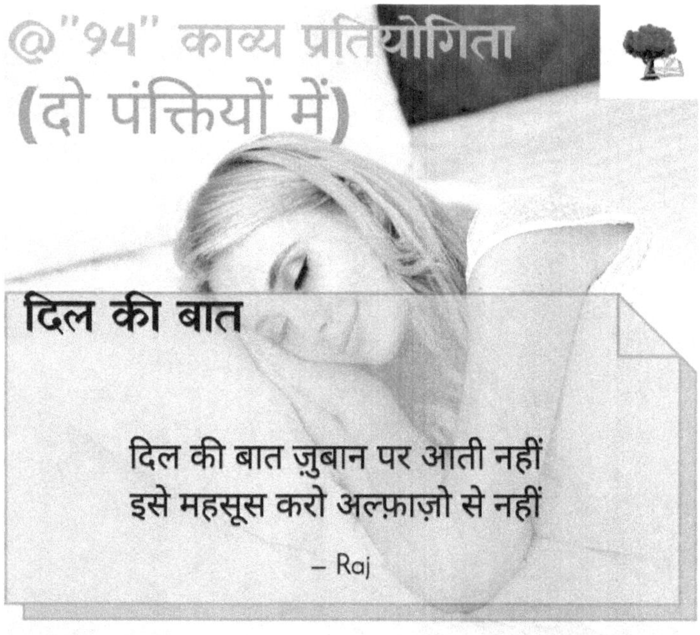

@"९५" काव्य प्रतियोगिता
(दो पंक्तियों में)
दिल की बात
दिल की बात ज़ुबान पर आती नहीं
इसे महसूस करो अल्फ़ाज़ो से नहीं
– Raj
आपके अल्फ़ाज़
20/03/2021

18. कुछ कहना है तुमसे

कुछ कहना है तुमसे

दिल में मेरे एक ख़याल रहता है
कुछ कहना है तुमसे पर कैसे कहे

— Raj

19. दूरियां

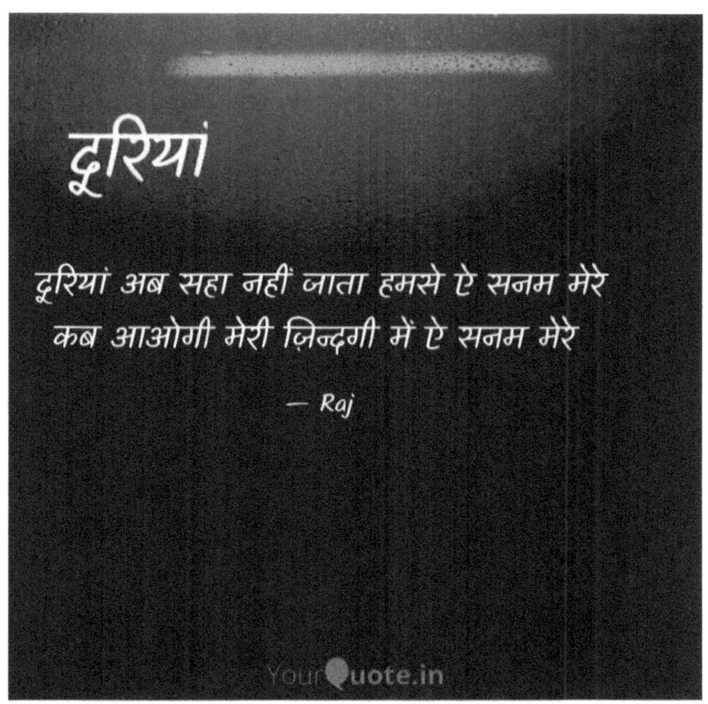

20. गौरवशाली

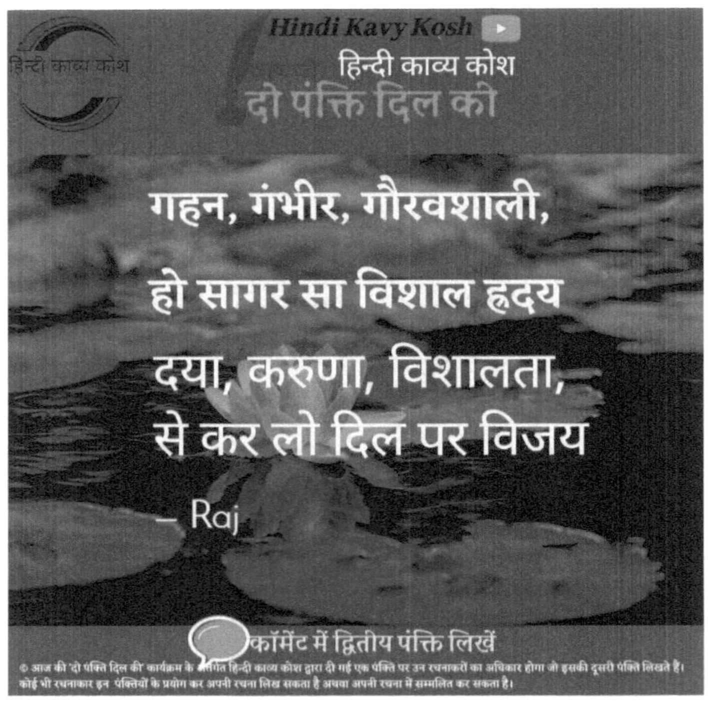

Hindi Kavy Kosh
हिन्दी काव्य कोश
दो पंक्ति दिल की
गहन, गंभीर, गौरवशाली,
हो सागर सा विशाल हृदय
दया, करुणा, विशालता,
से कर लो दिल पर विजय
– Raj
कॉमेंट में द्वितीय पंक्ति लिखें

21. अनजान

@ "91"
काव्य
प्रतियोगिता
(दो पंक्तियों में)
17/03/2021

अनजान

एक अनजान सा सिहर उठता है बदन में तुम्हारे छुअन से
क्या यह प्यार का लक्षण है जो दिल धड़कता है सुहान से

— Raj

22. हौसला बुलंद है

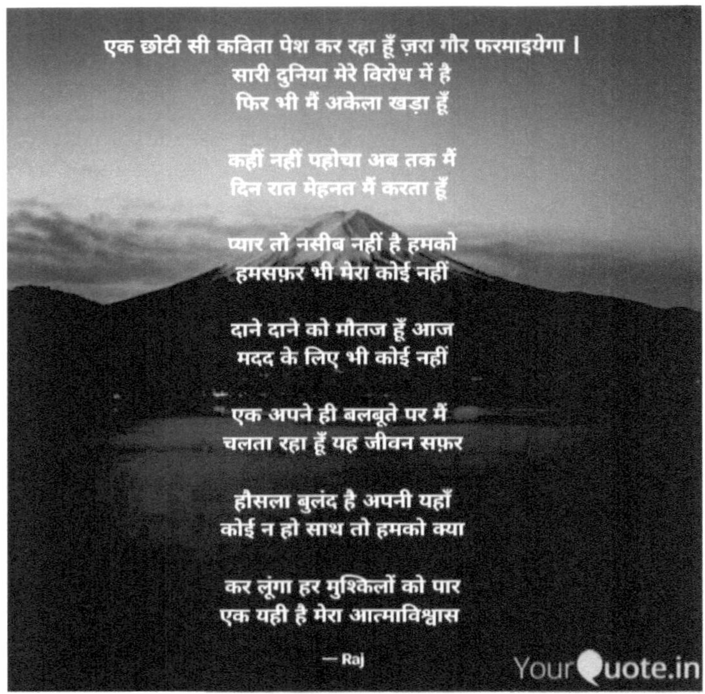

एक छोटी सी कविता पेश कर रहा हूँ ज़रा गौर फरमाइयेगा |
सारी दुनिया मेरे विरोध में है
फिर भी मैं अकेला खड़ा हूँ

कहीं नहीं पहोचा अब तक मैं
दिन रात मेहनत मैं करता हूँ

प्यार तो नसीब नहीं है हमको
हमसफ़र भी मेरा कोई नहीं

दाने दाने को मौतज हूँ आज
मदद के लिए भी कोई नहीं

एक अपने ही बलबूते पर मैं
चलता रहा हूँ यह जीवन सफ़र

हौसला बुलंद है अपनी यहाँ
कोई न हो साथ तो हमको क्या

कर लूंगा हर मुश्किलों को पार
एक यही है मेरा आत्माविश्वास

— Raj
Your Quote.in

23. फ़ागुन का महिना

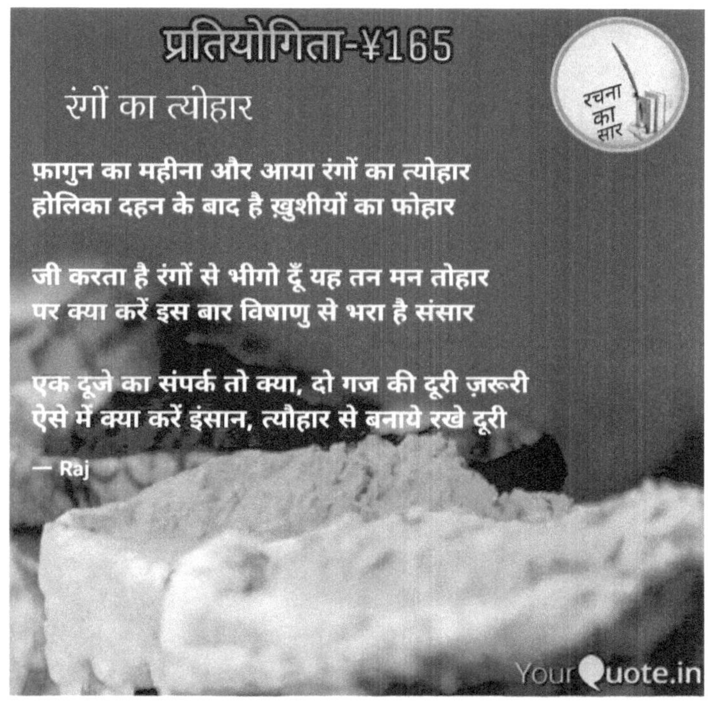

प्रतियोगिता-¥165
रंगों का त्योहार
फ़ागुन का महीना और आया रंगों का त्योहार
होलिका दहन के बाद है ख़ुशीयों का फोहार

जी करता है रंगों से भीगो दूँ यह तन मन तोहार
पर क्या करें इस बार विषाणु से भरा है संसार

एक दूजे का संपर्क तो क्या, दो गज की दूरी ज़रूरी
ऐसे में क्या करें इंसान, त्यौहार से बनाये रखे दूरी
— Raj
रचना का सार
Your Quote.in

24. फ़ाल्गुन आयो रे

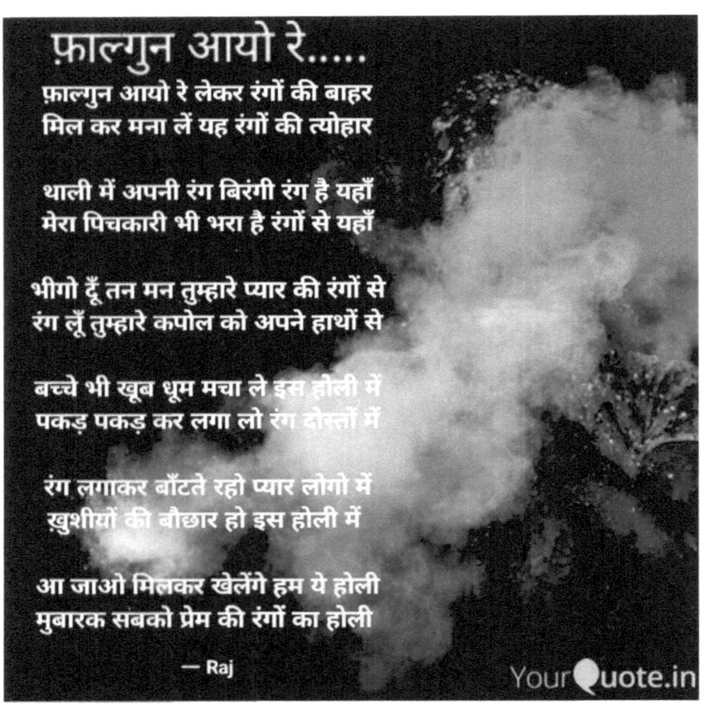

फ़ाल्गुन आयो रे.....
फ़ाल्गुन आयो रे लेकर रंगों की बाहर
मिल कर मना लें यह रंगों की त्योहार

थाली में अपनी रंग बिरंगी रंग है यहाँ
मेरा पिचकारी भी भरा है रंगों से यहाँ

भीगो दूँ तन मन तुम्हारे प्यार की रंगों से
रंग लूँ तुम्हारे कपोल को अपने हाथों से

बच्चे भी खूब धूम मचा ले इस होली में
पकड़ पकड़ कर लगा लो रंग दोस्तों में

रंग लगाकर बाँटते रहो प्यार लोगो में
ख़ुशीयों की बौछार हो इस होली में

आ जाओ मिलकर खेलेंगे हम ये होली
मुबारक सबको प्रेम की रंगों का होली

— Raj

Your Quote.in

25. ग़मों की पनाह में

प्रतियोगिता-¥160
रचना का सार
ग़मों की पनाह में
ग़मों की इस अँधेरे में ख़ुशीयों की किरण न दिखा
रह रहा हुँ कुछ इस तरह अब आदत सी बन गया है
ख़ुशीयों से डर लगने लगा है अब दुनिया में मुझको
डरता हुँ कहीं कोई नया आफत न खड़ा हो जाए
ख़ुशीयों से मेहरूम रहा है अपना सारा जीवन ये
अब तो ग़मों में जी रहा हुँ मैं उस ग़मों की पनाह में
— Raj
Your Quote.in

26. हाल क्या है दिल का

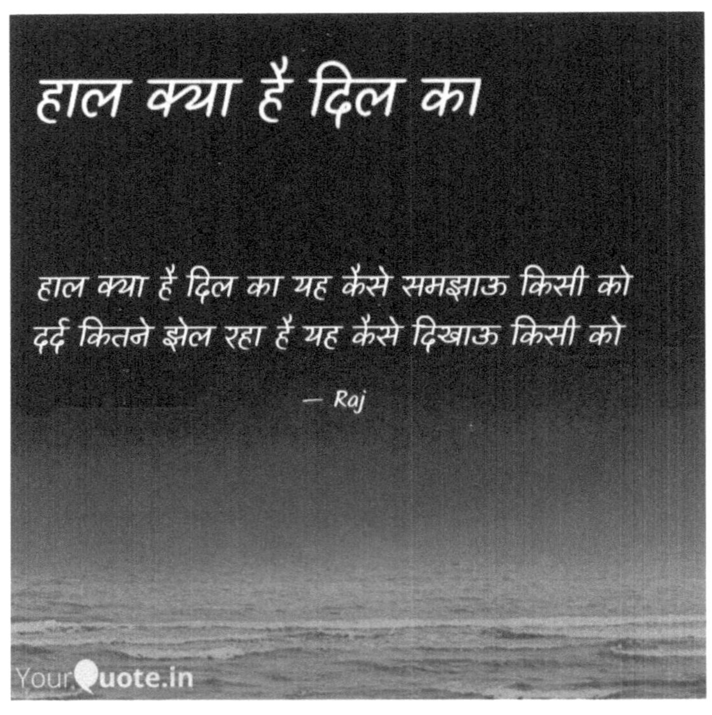

हाल क्या है दिल का

हाल क्या है दिल का यह कैसे समझाऊ किसी को
दर्द कितने झेल रहा है यह कैसे दिखाऊ किसी को

— Raj

Your Quote.in

27. ज़ालिम दुनिया

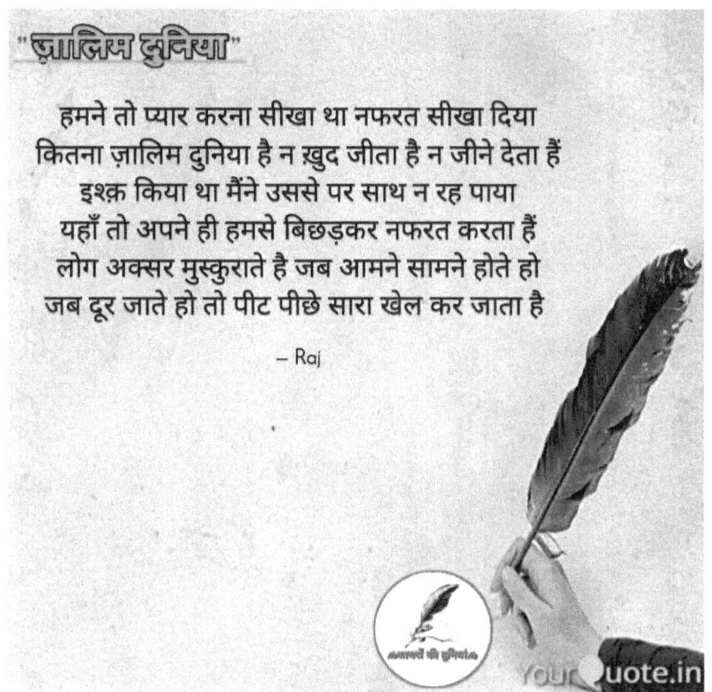

"ज़ालिम दुनिया"

हमने तो प्यार करना सीखा था नफरत सीखा दिया
कितना ज़ालिम दुनिया है न ख़ुद जीता है न जीने देता हैं
इश्क़ किया था मैंने उससे पर साथ न रह पाया
यहाँ तो अपने ही हमसे बिछड़कर नफरत करता हैं
लोग अक्सर मुस्कुराते है जब आमने सामने होते हो
जब दूर जाते हो तो पीट पीछे सारा खेल कर जाता है

– Raj

28. बंद खिड़कियाँ

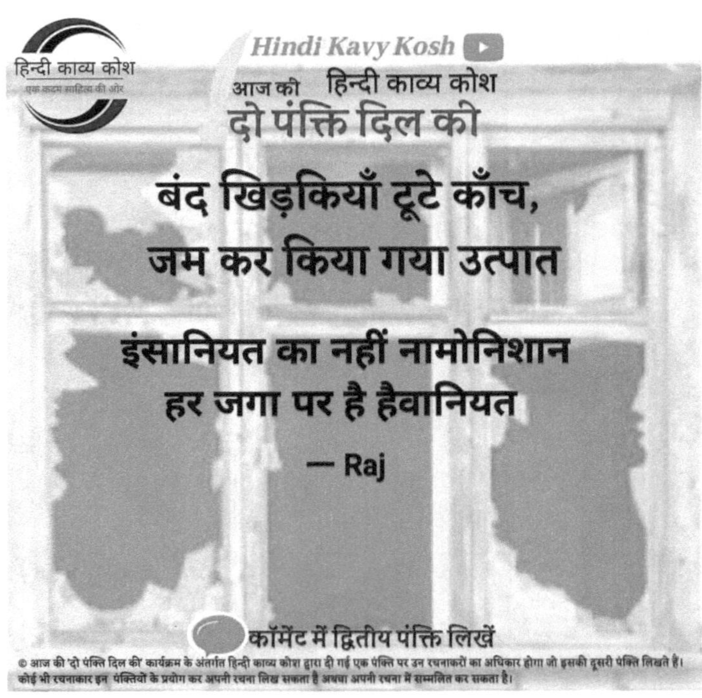

Hindi Kavy Kosh
हिन्दी काव्य कोश
एक कदम साहित्य की ओर
आज की   हिन्दी काव्य कोश
दो पंक्ति दिल की
बंद खिड़कियाँ टूटे काँच,
जम कर किया गया उत्पात
इंसानियत का नहीं नामोनिशान
हर जगा पर है हैवानियत
— Raj
कॉमेंट में द्वितीय पंक्ति लिखें
© आज की 'दो पंक्ति दिल की' कार्यक्रम के अंतर्गत हिन्दी काव्य कोश द्वारा दी गई एक पंक्ति पर उन रचनाकारों का अधिकार होगा जो इसकी दूसरी पंक्ति लिखते हैं।
कोई भी रचनाकार इन पंक्तियों के प्रयोग कर अपनी रचना लिख सकता है अथवा अपनी रचना में सम्मिलित कर सकता है।

29. सारे सम्बन्ध बिखर जाते

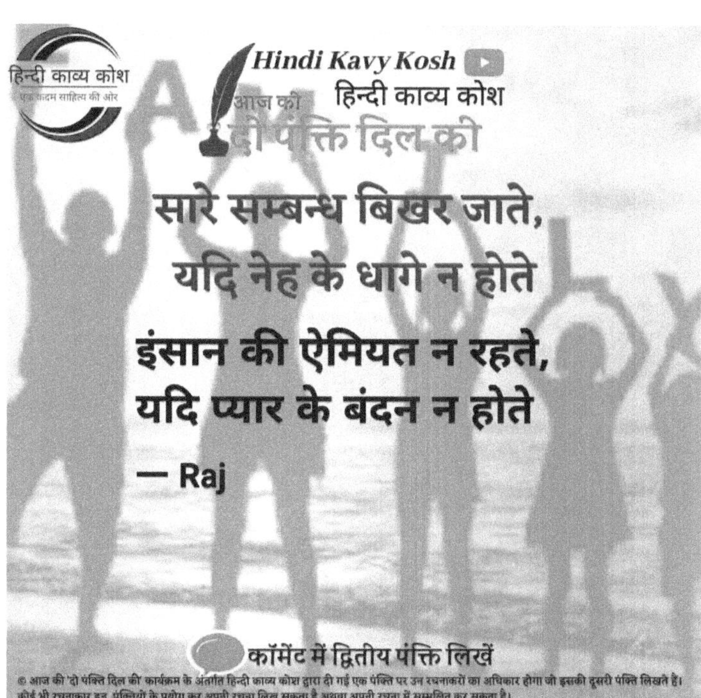

30. मजबूरी

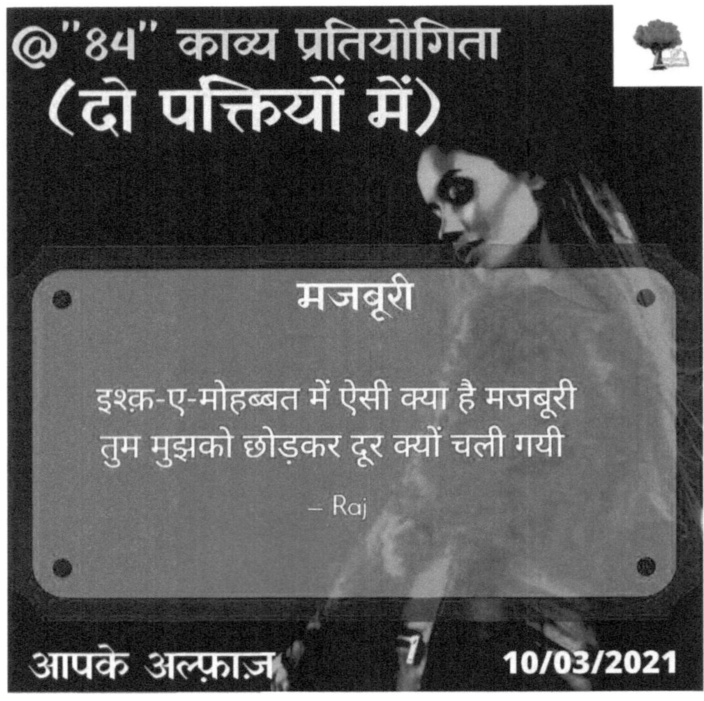

@ "४५" काव्य प्रतियोगिता
(दो पक्तियों में)

मजबूरी

इश्क़-ए-मोहब्बत में ऐसी क्या है मजबूरी
तुम मुझको छोड़कर दूर क्यों चली गयी

— Raj

आपके अल्फ़ाज़
10/03/2021

31. मौत भी आजकल दुश्मन लगती है

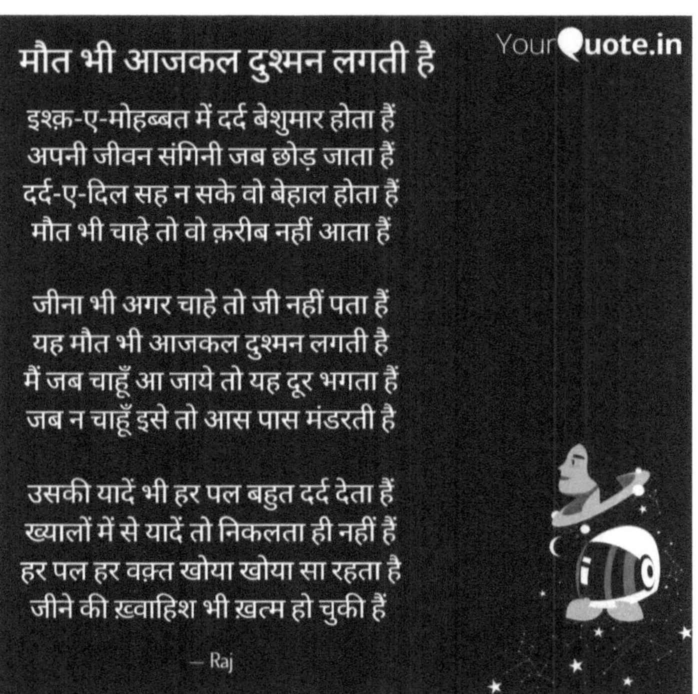

32. आज मन में

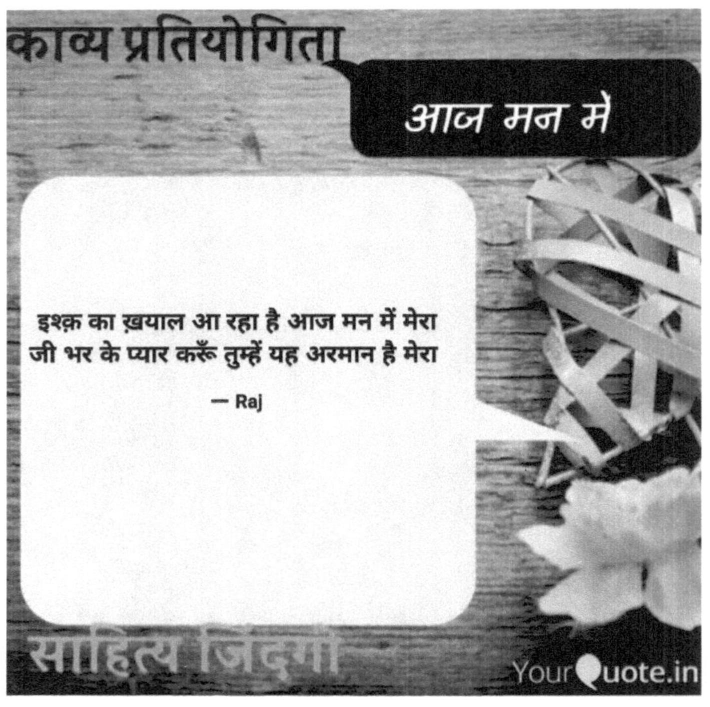

काव्य प्रतियोगिता
आज मन मे
इश्क़ का ख़याल आ रहा है आज मन में मेरा
जी भर के प्यार करूँ तुम्हें यह अरमान है मेरा
— Raj
साहित्य जिंदगी
YourQuote.in

33. बहकता हुआ प्यार

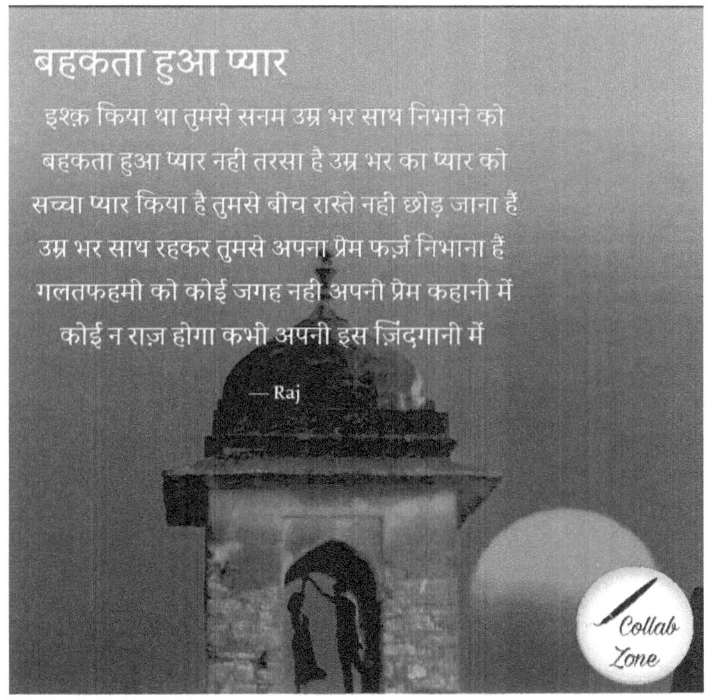

34. जवाब

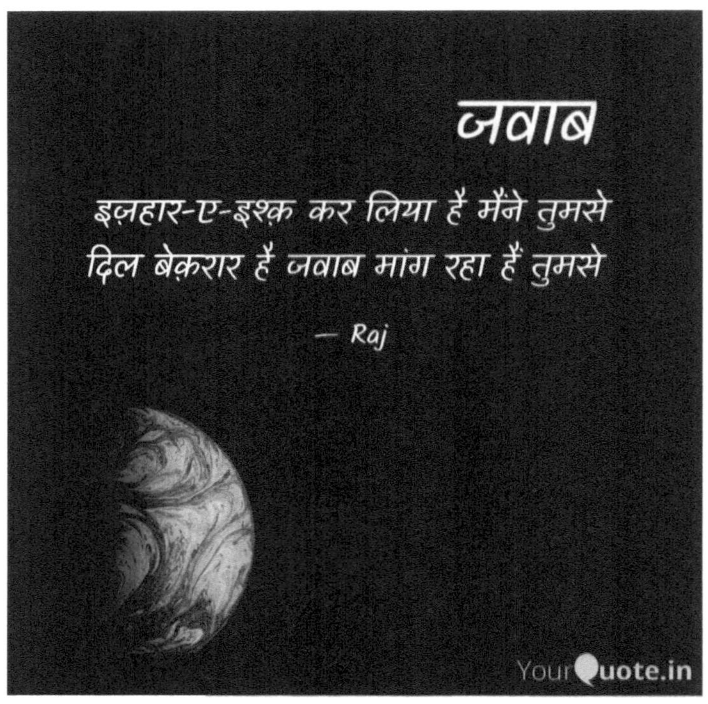
जवाब

इज़हार-ए-इश्क़ कर लिया है मैंने तुमसे
दिल बेक़रार है जवाब मांग रहा हैं तुमसे

— Raj

YourQuote.in

35. माँ की ममता

माँ की ममता

जब कोई मुश्किल आ जाए
माँ की ममता याद आ जाए
यह माँ की ममता ही हमारे
रक्षा करता है हर मुश्किल से

माँ से यह जीवन हमारा है
माँ ही सब कुछ हमारा हैं
माँ नहीं होती तो ज़रा नहीं
इस दुनिया का अस्तित्व नहीं

माँ बच्चों को अपना प्यार देकर
उनका सारा जीवन संबारता हैं
अपनी हर रातों के नींद उड़ाकर
वो उनकी रक्षा करती रहती हैं

माँ की आँचल में जो प्यार है
नहीं मिलेगा वो प्यार कहीं पर
ढूंढ लो सारी दुनिया में यहाँ
माँ की ममता जैसा कई न मिले

चाहे दुःख हो या सुःख हो जहाँ
माँ हर पल मुस्कुराती है वहाँ
अपनी सारी दुःख छुपाकर
हमपर सारा प्यार बरसाती है

— Raj

36. ख़ुशियों की चाह में

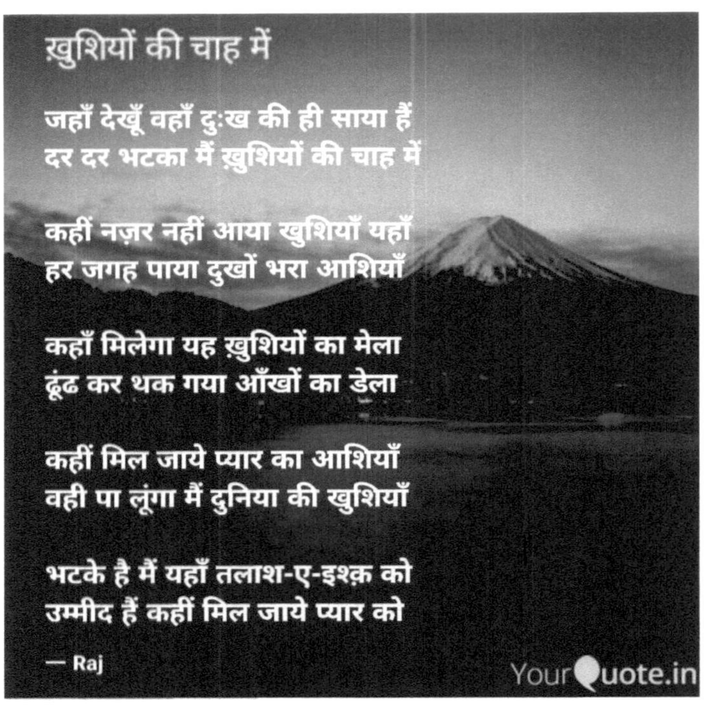

ख़ुशियों की चाह में

जहाँ देखूँ वहाँ दुःख की ही साया हैं
दर दर भटका मैं ख़ुशियों की चाह में

कहीं नज़र नहीं आया खुशियाँ यहाँ
हर जगह पाया दुखों भरा आशियाँ

कहाँ मिलेगा यह ख़ुशियों का मेला
ढूंढ कर थक गया आँखों का डेला

कहीं मिल जाये प्यार का आशियाँ
वही पा लूंगा मैं दुनिया की खुशियाँ

भटके है मैं यहाँ तलाश-ए-इश्क़ को
उम्मीद हैं कहीं मिल जाये प्यार को

— Raj

37. सत्य दिखाना होगा

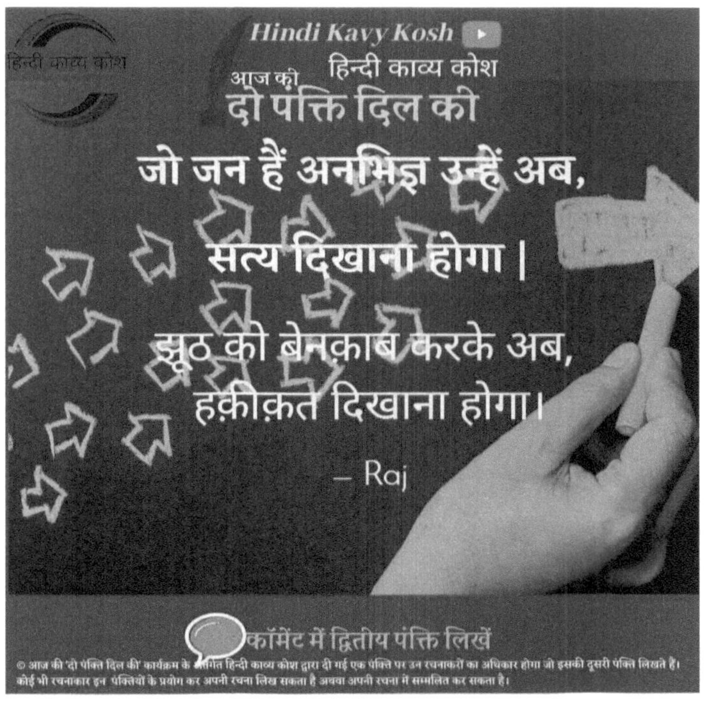

Hindi Kavy Kosh
हिन्दी काव्य कोश
आज की
दो पंक्ति दिल की
जो जन हैं अनभिज्ञ उन्हें अब,
सत्य दिखाना होगा।
झूठ को बेनक़ाब करके अब,
हक़ीक़त दिखाना होगा।
— Raj
कॉमेंट में द्वितीय पंक्ति लिखें
© आज की 'दो पंक्ति दिल की' कार्यक्रम के अंतर्गत हिन्दी काव्य कोश द्वारा दी गई एक पंक्ति पर उन रचनाकरों का अधिकार होगा जो इसकी दूसरी पंक्ति लिखते हैं।
कोई भी रचनाकार इन पंक्तियों के प्रयोग कर अपनी रचना लिख सकता है अथवा अपनी रचना में सम्मिलित कर सकता है।

जीवन और मृत्यु (चिंतन)

जीवन और मृत्यु एक चिंतन। इस दुनिया में हर एक चीज़ जैसे - प्राणी, पेड़ पौधे, इंसान सब में जीवन और मृत्यु है। इसलिए इस धरती को मृत्यु लोक भी कहते हैं। इस दुनिया में सबसे अधिक महत्वपूर्ण इंसान की ज़िन्दगी है। इंसान की ज़िन्दगी जन्म से लेकर मृत्यु तक का विश्लेषण करेंगे। जन्म से लेकर मृत्यु के बीच में होता है जीवन और मृत्यु एक अप्रिया सत्य है और जीवन "माया"। इंसान समझते जरूर है पर मानने को तैयार नहीं। मृत्यु से डरता है और नहीं चाहता की वो उनकी ज़िन्दगी में आये। भला आज तक कोई मौत से बचा है? इंसान का जन्म बच्चा होता फिर वो लड़कपान में जाता है उसके बाद जवानी आता है और फिर बुढ़ापा फिर क्या... "मौत" और इस माया लोक को छोड़कर रूह का जाना। अपने तम्माम जीवन काल में बचपन से लेकर मौत तक कोई सुखी रहता है तो कोई दु:खी रहता है। यह जीवन किसी को राज़ आता है तो किसी को नहीं। यह एक चक्र है जो चलता रहता है। जीवन और मृत्यु से ही इस दुनिया का संतुलन बना रहता है। आसान लफ्ज़ में कहूँ तो मृत्यु का होना उतना ही आवश्यक है जितना की जन्म और जीवन। यहाँ कोई चिरंजीव बना नहीं रहता। जिस तरह हम रोज कपडे बदलते है उसी तरह रूह को भी अपना शरीर बदलना होता है और मृत्यु के रूप में वो कार्य पूर्ण होता है।

— Raj

39. कोई ऐसी किताब नहीं

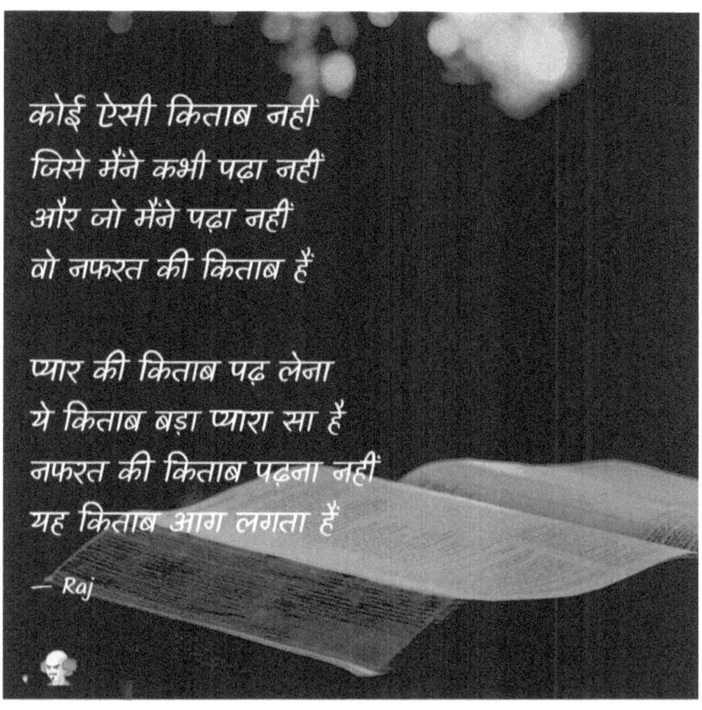

40. जुदाई

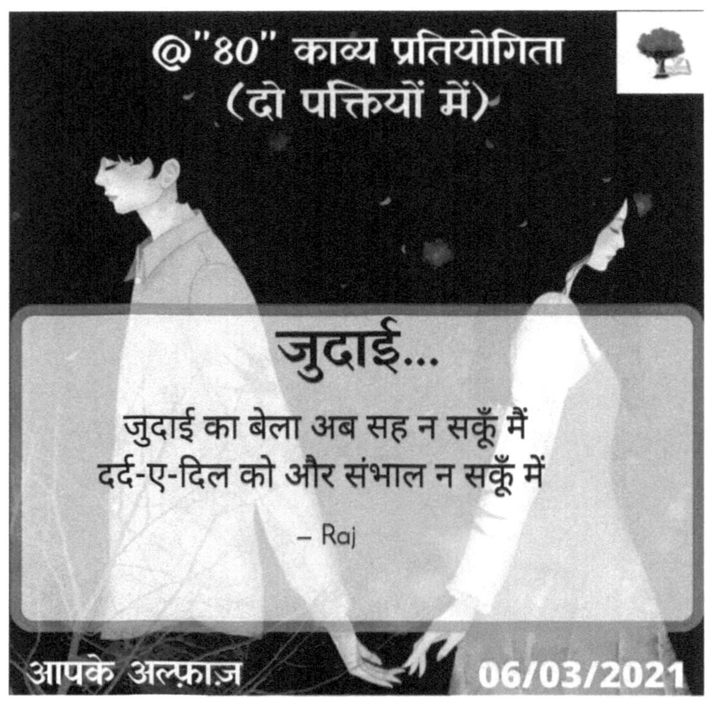

@"80" काव्य प्रतियोगिता
(दो पंक्तियों में)
जुदाई...
जुदाई का बेला अब सह न सकूँ मैं
दर्द-ए-दिल को और संभाल न सकूँ में
– Raj
आपके अल्फ़ाज़
06/03/2021

41. याद है मुझे

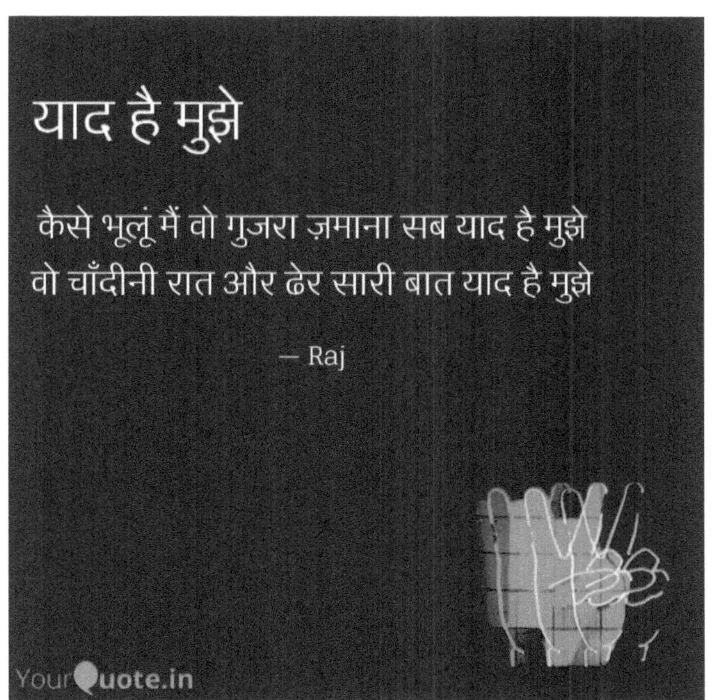

याद है मुझे

कैसे भूलूं मैं वो गुजरा ज़माना सब याद है मुझे
वो चाँदीनी रात और ढेर सारी बात याद है मुझे

— Raj

YourQuote.in

42. भटक रहा क्यों अपना

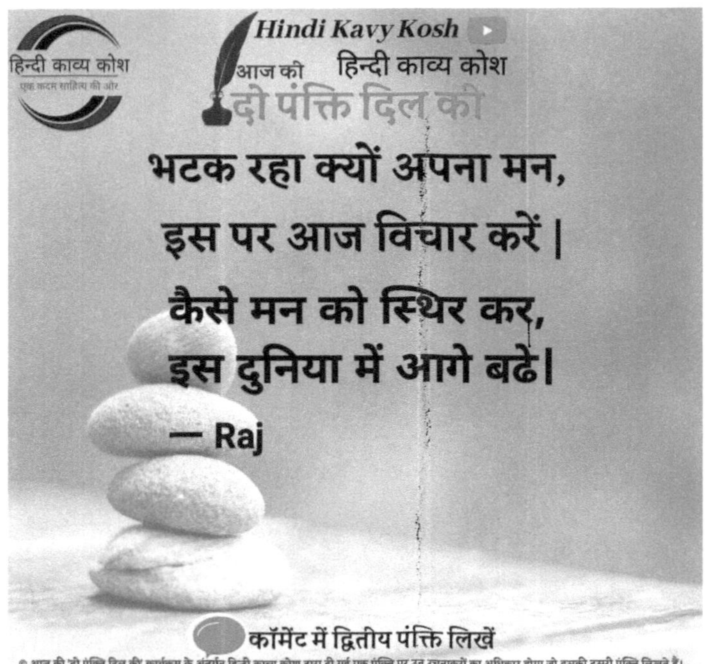

43. तेरा असर है

"तेरा असर है"
खो गया दिल का सुकूँ मेरा दिल हमेशा परेशान है
हर वक़्त यहाँ न दिन का चैन रहा न रात को नींद है
चाहत में तेरे खो गया यह मेरा कसूर नहीं तेरा असर है
आ जाओ जल्दी तेरे बिना यहाँ जी नहीं पाउँगा मैं
— Raj
साहित्यिक सहायक

44. ये दुनिया

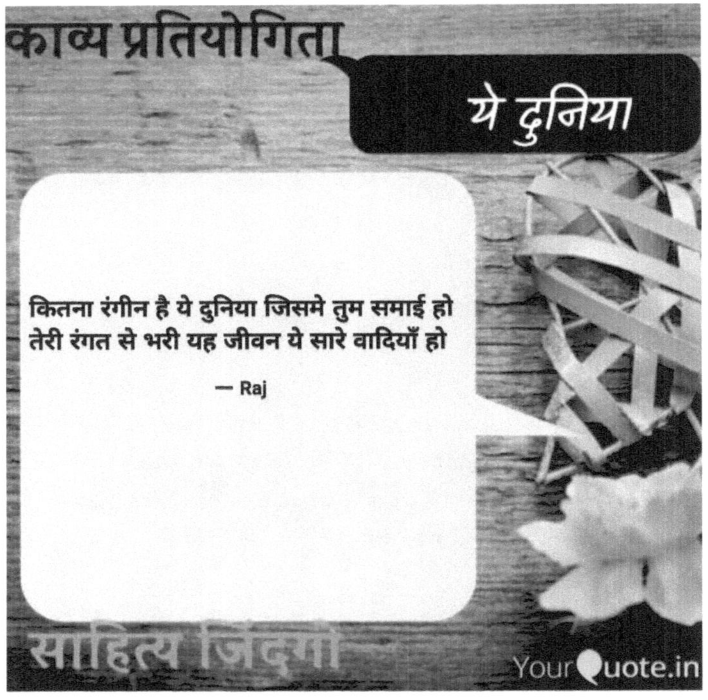

काव्य प्रतियोगिता
ये दुनिया
कितना रंगीन है ये दुनिया जिसमे तुम समाई हो
तेरी रंगत से भरी यह जीवन ये सारे वादियाँ हो
— Raj
साहित्य जिंदगी
Your Quote.in

45. हवस

हवस

कितने बदनसीब है वो जो हवस के शिकार हुए
कितना भयानक होता होगा यह भूखा भेड़िया

— Raj

YourQuote.in

46. लाल किले की

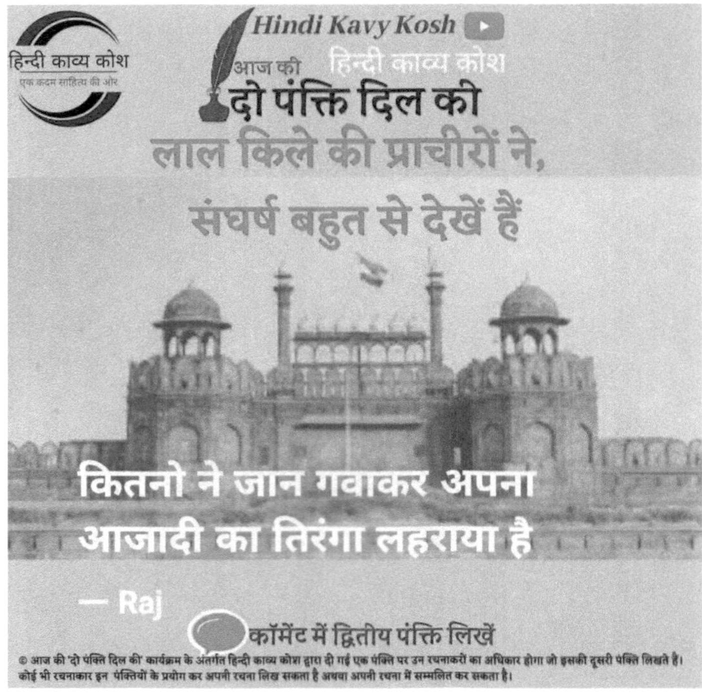

47. सज़ा

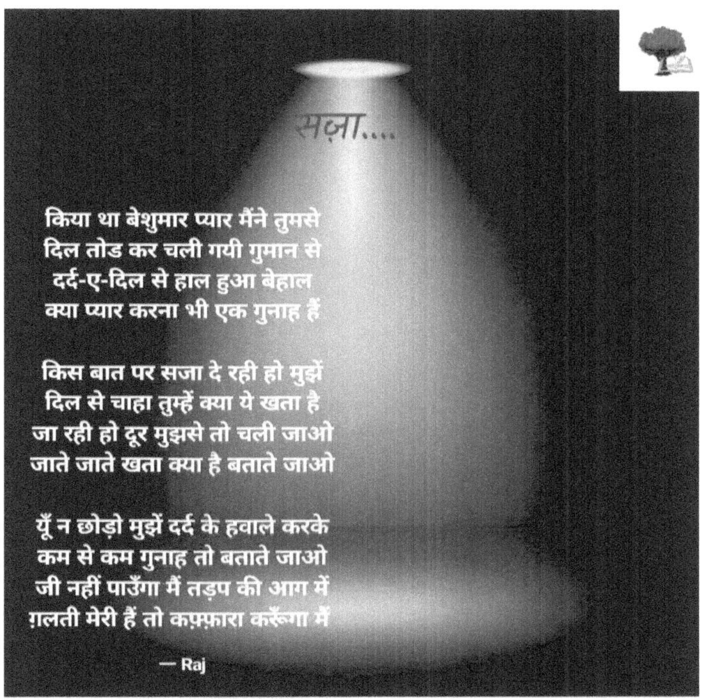

किया था बेशुमार प्यार मैंने तुमसे
दिल तोड कर चली गयी गुमान से
दर्द-ए-दिल से हाल हुआ बेहाल
क्या प्यार करना भी एक गुनाह हैं

किस बात पर सजा दे रही हो मुझें
दिल से चाहा तुम्हें क्या ये खता है
जा रही हो दूर मुझसे तो चली जाओ
जाते जाते खता क्या है बताते जाओ

यूँ न छोड़ो मुझें दर्द के हवाले करके
कम से कम गुनाह तो बताते जाओ
जी नहीं पाउँगा मैं तड़प की आग में
ग़लती मेरी हैं तो कफ़्फ़ारा करूँगा मैं

— Raj

48. कोई ग़ज़ल

कोई गजल

कोई ग़ज़ल क्या गाऊ मैं सूझ नहीं रहा
दिल मेरा दर्द से बेहाल होकर तड़प रहा

— Raj

YourQuote.in

49. कोई यह नहीं समझता

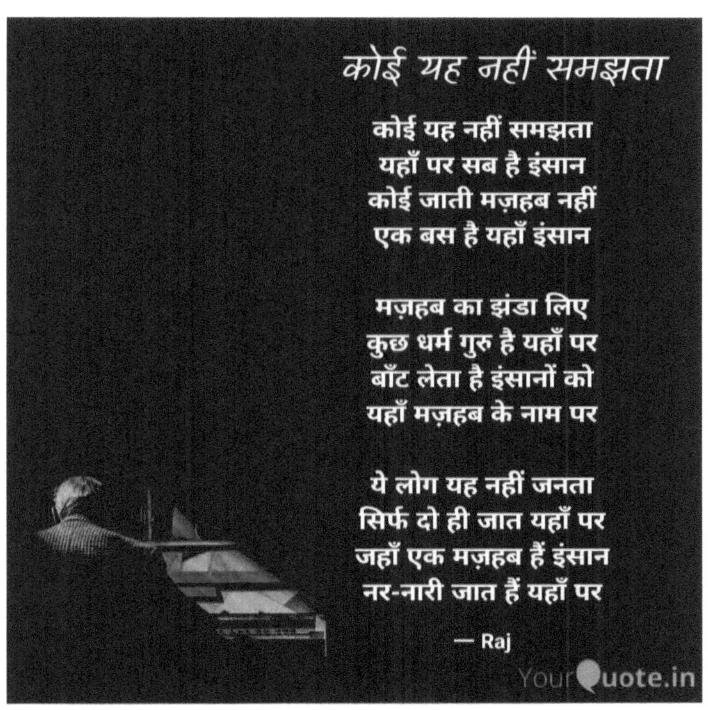

50. तिनके जैसे बहते देखे

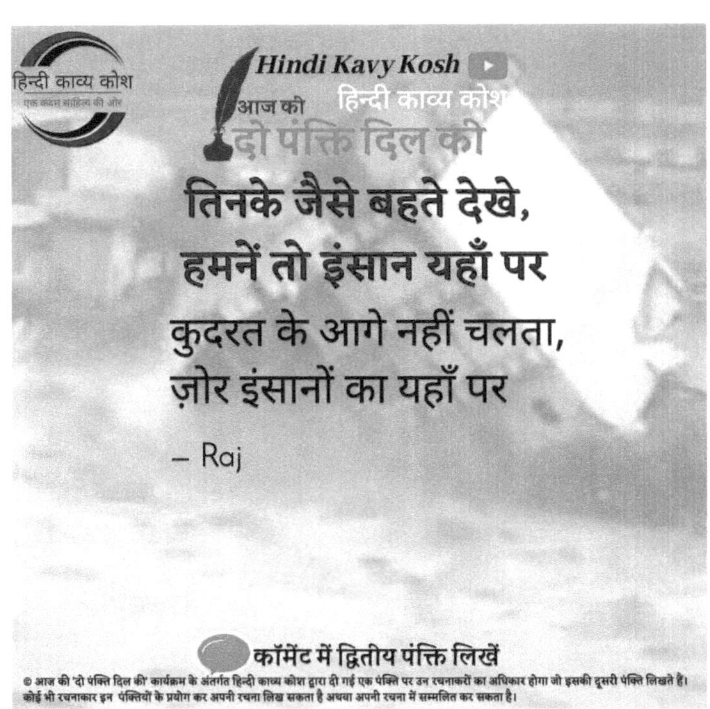

© आज की 'दो पंक्ति दिल की' कार्यक्रम के अंतर्गत हिन्दी काव्य कोश द्वारा दी गई एक पंक्ति पर उन रचनाकारों का अधिकार होगा जो इसकी दूसरी पंक्ति लिखते हैं। कोई भी रचनाकार इन पंक्तियों के प्रयोग कर अपनी रचना लिख सकता है अथवा अपनी रचना में सम्मलित कर सकता है।

51. परवाह

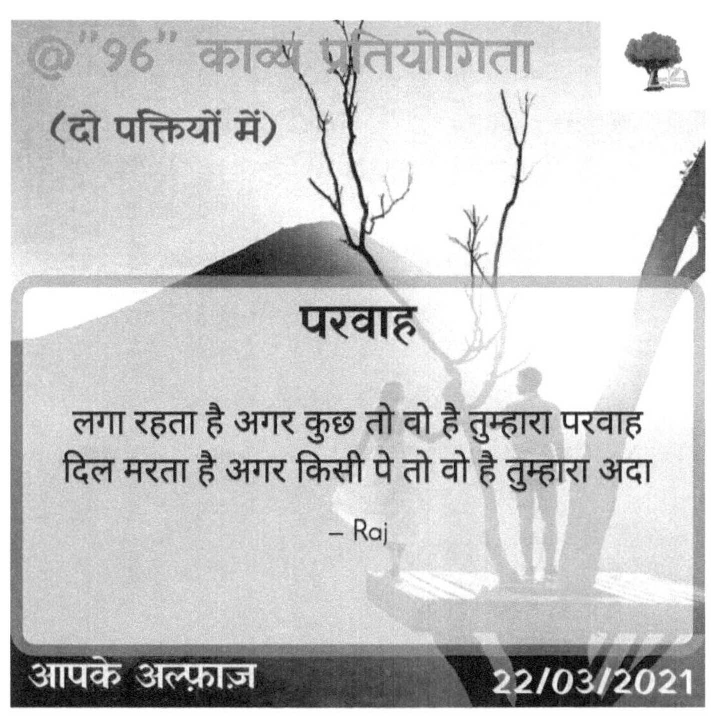

@ "96" काव्य प्रतियोगिता
(दो पंक्तियों में)
परवाह
लगा रहता है अगर कुछ तो वो है तुम्हारा परवाह
दिल मरता है अगर किसी पे तो वो है तुम्हारा अदा
– Raj
आपके अल्फ़ाज़
22/03/2021

52. ज़िन्दगी की सारी उम्मीदें

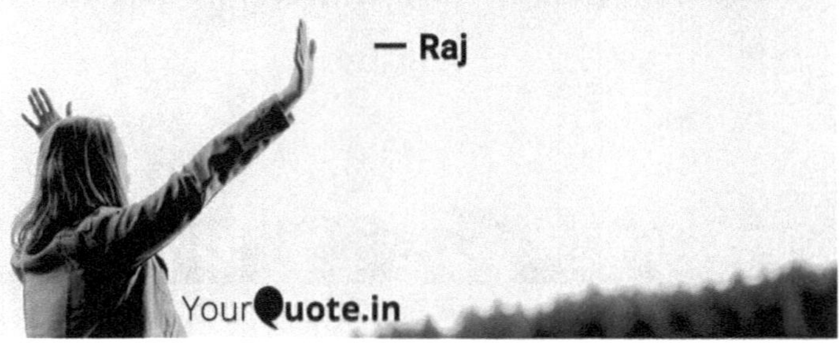

53. जीवन की मधुशाला में

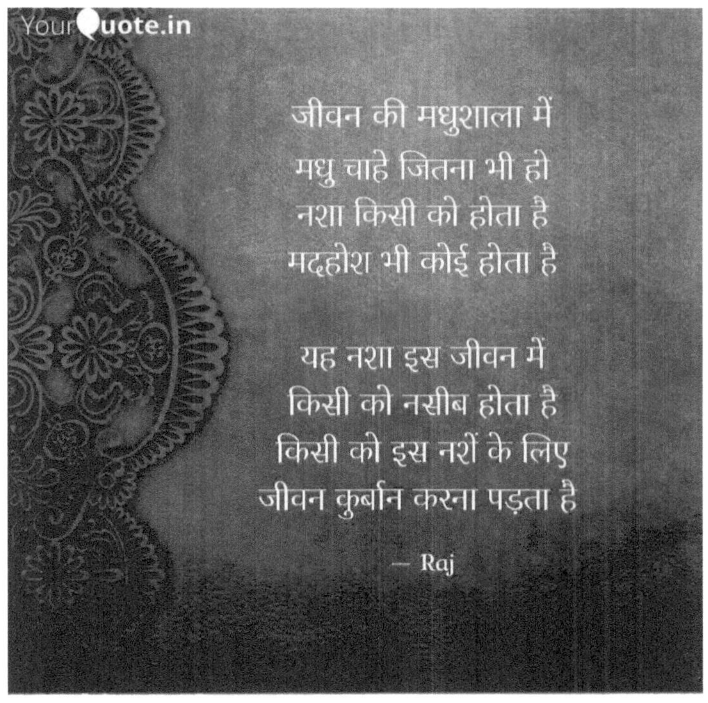

54. नित पथ पर हम

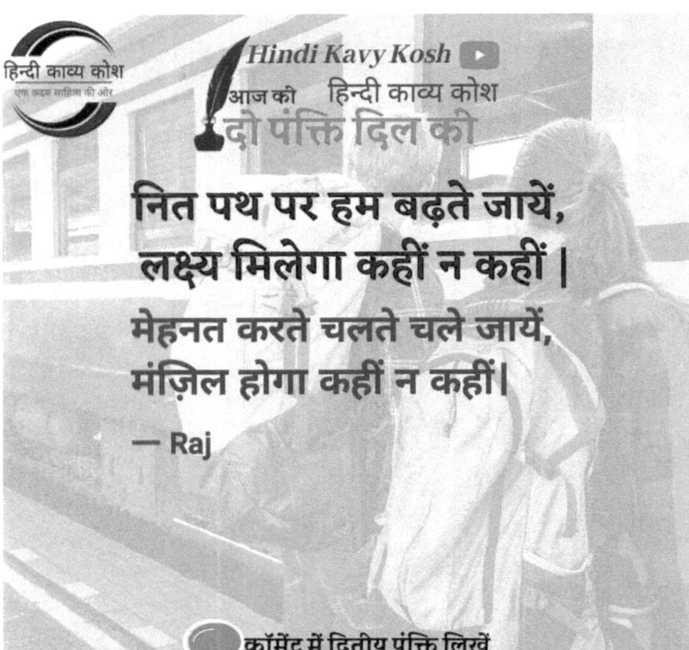

हिन्दी काव्य कोश
एक कदम साहित्य की ओर
Hindi Kavy Kosh
आज की
हिन्दी काव्य कोश
दो पंक्ति दिल की
नित पथ पर हम बढ़ते जायें,
लक्ष्य मिलेगा कहीं न कहीं |
मेहनत करते चलते चले जायें,
मंज़िल होगा कहीं न कहीं |
— Raj
कॉमेंट में द्वितीय पंक्ति लिखें
© आज की 'दो पंक्ति दिल की' कार्यक्रम के अंतर्गत हिन्दी काव्य कोश द्वारा दी गई एक पंक्ति पर उन रचनाकरों का अधिकार होगा जो इसकी दूसरी पंक्ति लिखते हैं।
कोई भी रचनाकार इन पंक्तियों के प्रयोग कर अपनी रचना लिख सकता है अथवा अपनी रचना में सम्मिलित कर सकता है।

55. जज़्बा बनाये रखो

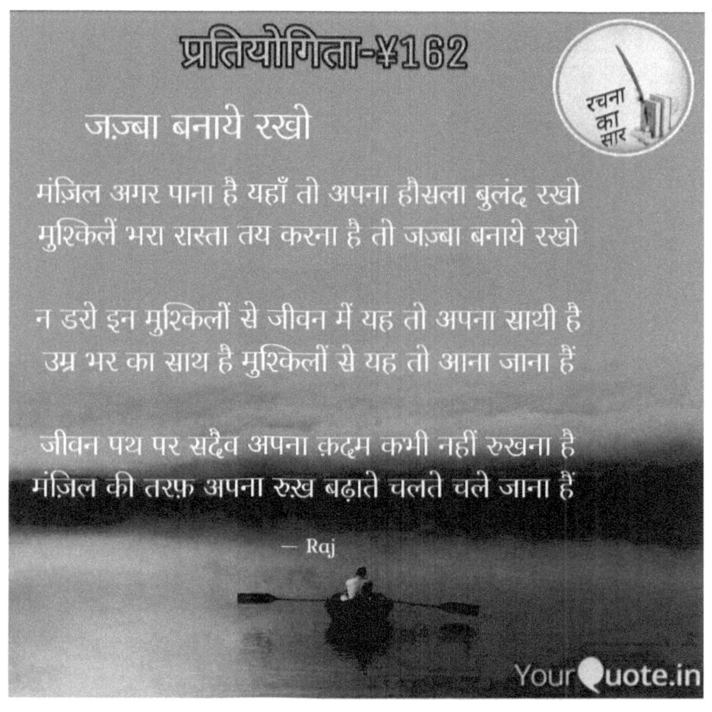

प्रतियोगिता-¥162
जज़्बा बनाये रखो
मंज़िल अगर पाना है यहाँ तो अपना हौसला बुलंद रखो
मुश्किलें भरा रास्ता तय करना है तो जज़्बा बनाये रखो

न डरो इन मुश्किलों से जीवन में यह तो अपना साथी है
उम्र भर का साथ है मुश्किलों से यह तो आना जाना है

जीवन पथ पर सदैव अपना क़दम कभी नहीं रुकना है
मंज़िल की तरफ़ अपना रुख बढ़ाते चलते चले जाना है

— Raj

YourQuote.in

56. जीवन के इस मोड़ पर

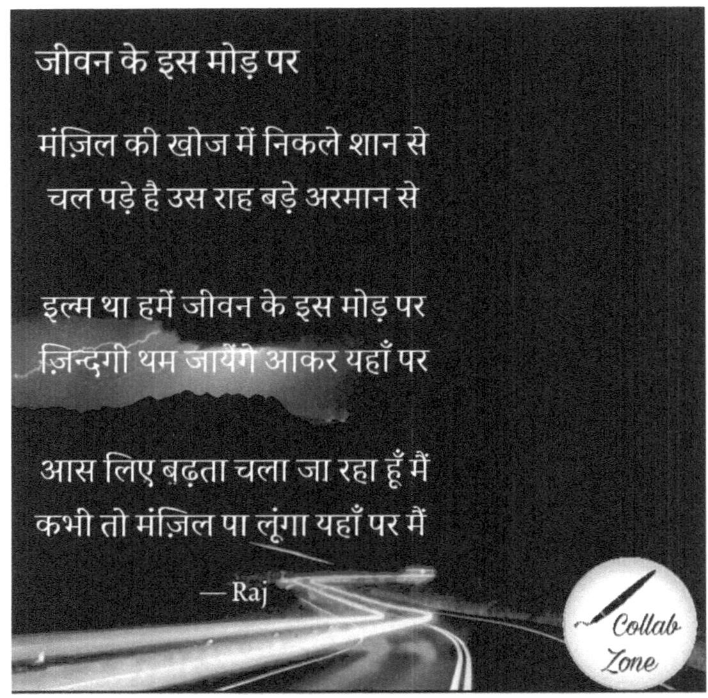

57. एक रास्ता यह भी है

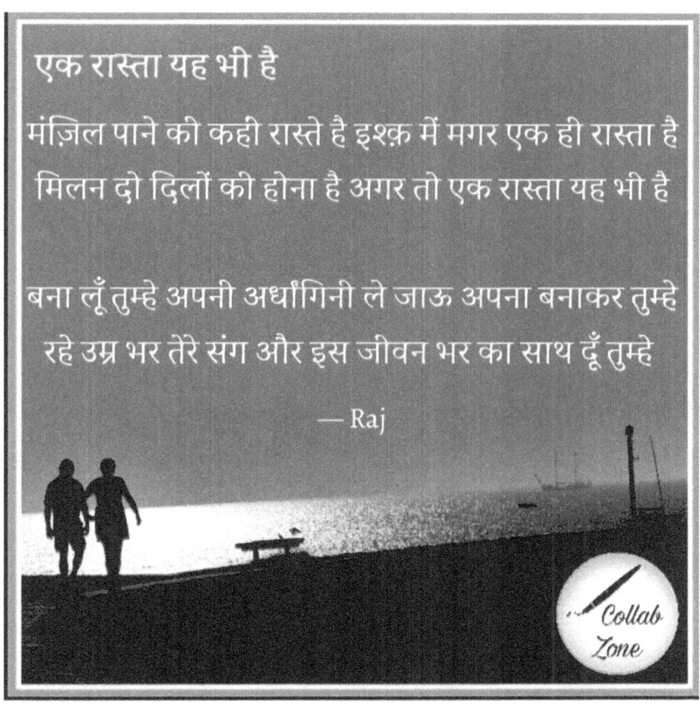

58. कुछ याद आया है

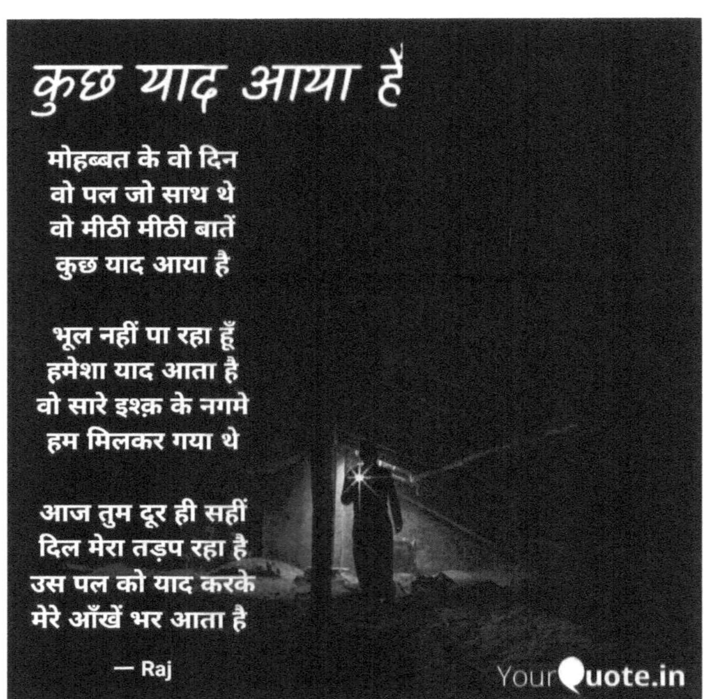

कुछ याद आया है

मोहब्बत के वो दिन
वो पल जो साथ थे
वो मीठी मीठी बातें
कुछ याद आया है

भूल नहीं पा रहा हूँ
हमेशा याद आता है
वो सारे इश्क़ के नगमे
हम मिलकर गया थे

आज तुम दूर ही सहीं
दिल मेरा तड़प रहा है
उस पल को याद करके
मेरे आँखें भर आता है

— Raj

Your Quote.in

59. मतलबी

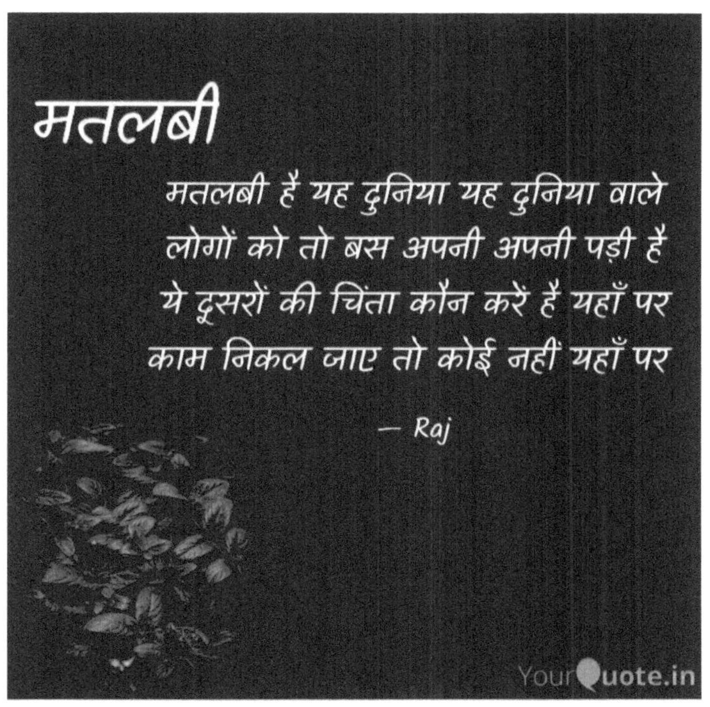

मतलबी

मतलबी है यह दुनिया यह दुनिया वाले
लोगों को तो बस अपनी अपनी पड़ी है
ये दूसरों की चिंता कौन करें है यहाँ पर
काम निकल जाए तो कोई नहीं यहाँ पर

— Raj

60. अक्सर तेरी याद

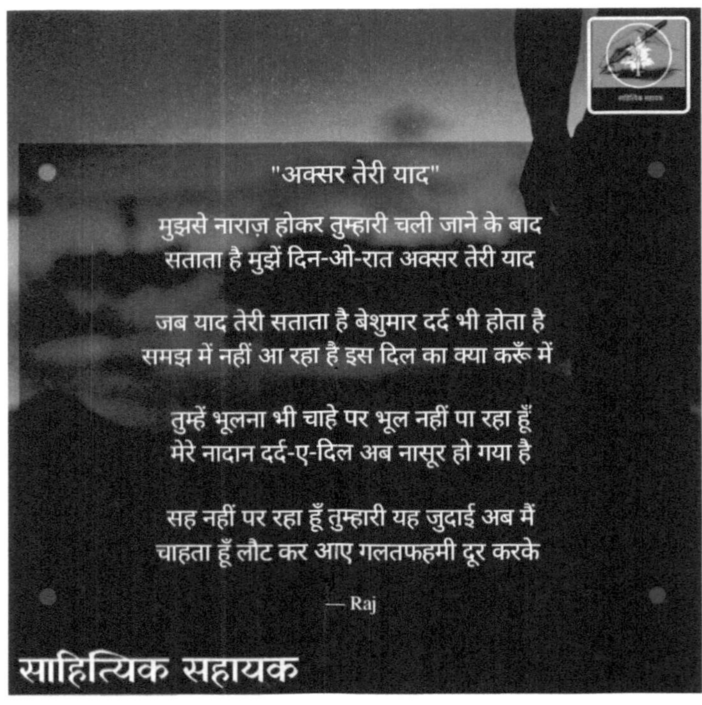

"अक्सर तेरी याद"

मुझसे नाराज़ होकर तुम्हारी चली जाने के बाद
सताता है मुझें दिन-ओ-रात अक्सर तेरी याद

जब याद तेरी सताता है बेशुमार दर्द भी होता है
समझ में नहीं आ रहा है इस दिल का क्या करूँ में

तुम्हें भूलना भी चाहे पर भूल नहीं पा रहा हूँ
मेरे नादान दर्द-ए-दिल अब नासूर हो गया है

सह नहीं पर रहा हूँ तुम्हारी यह जुदाई अब मैं
चाहता हूँ लौट कर आए गलतफहमी दूर करके

— Raj

साहित्यिक सहायक

61. जीना पड़ेगा

जीना पड़ेगा......
मुझसे रूठकर चली गयी हो तुम
बेशुमार दर्द-ए-दिल देकर मुझें
जी नहीं सकता मैं तुम्हारे बिना
हाल-ए-दिल कैसे सुनाऊ तुम्हें

चैन से मर भी न पाऊ मैं यहाँ
याद तुम्हारी जो सताता है हमें
अब तो जीना पड़ेगा मुझें यहाँ
दर्द-ए-दिल की यादों के सहारे

भूलना तुम्हें चाहु मैं सच्चे दिलसे
मगर कुछ भी भूल नहीं पाऊ मैं
ऐसा नशा छाया है इस मन में मेरे
इस नशें से कभी नहीं उभर पाऊ मैं

— Raj

62. काँटों के पथ पर

हिन्दी काव्य कोश
एक कदम साहित्य की ओर

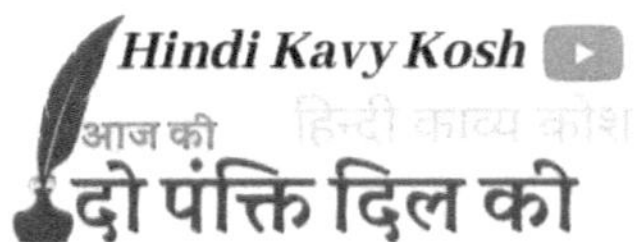

Hindi Kavy Kosh
आज की
दो पंक्ति दिल की

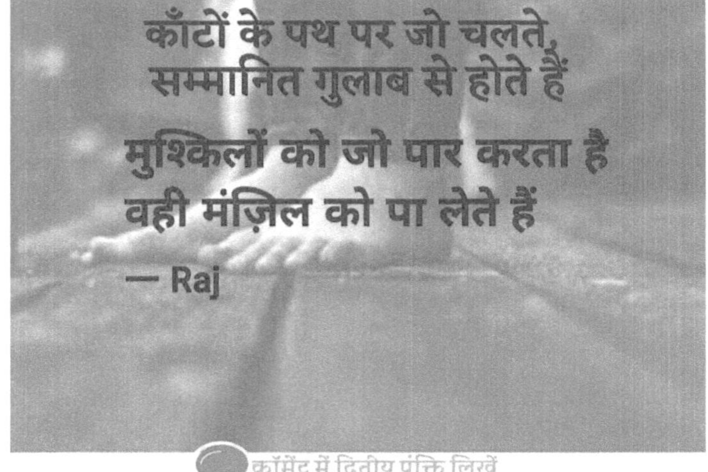

काँटों के पथ पर जो चलते,
सम्मानित गुलाब से होते हैं

मुश्किलों को जो पार करता है
वही मंज़िल को पा लेते हैं

— Raj

कॉमेंट में द्वितीय पंक्ति लिखें

63. तुम्हें समझना

POST
COMPETITION
दो पंक्तियों में लिखें

"तुम्हें समझना"

मुश्किल सा होता है तुम्हें समझना, कभी यह हसना कभी यह रोना
चाहता हूँ हर पल तुम खुश रहो, ज़िन्दगी में कभी तुम दु:खी न होना

— Raj

YourQuote.in

64. मतलब भरी दुनिया में

नहीं चाहता मैं पुनर्जन्म इस मतलब भरी दुनिया में
प्रेम से भरी दुनिया चाहता हूँ जो मुमकिन नहीं है

घोर कलयुग का ज़माना है जहाँ सिर्फ नफ़रत फलता है
डोंगी है सब यहाँ जो प्रेम की नौटंगी करता रहता है

जब तक है यहाँ जिन्दा अपना कर्म करता रहना है
कर्म का हिसाब पूरा कर मौत की मंज़िल को पाना है

मिटी से बना अपना यह तन को यहाँ त्याग करना है
रूह जो पाक है उसे अपनी मंज़िल की और रवाना होना है

— Raj

65. आँखों को इंतज़ार था

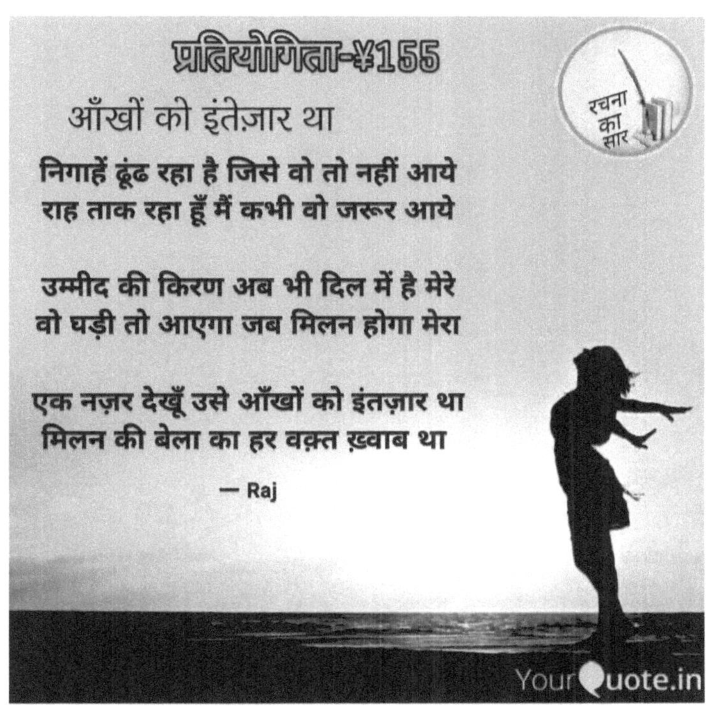

प्रतियोगिता-₹155
आँखों को इंतेज़ार था
निगाहें ढूंढ रहा है जिसे वो तो नहीं आये
राह ताक रहा हूँ मैं कभी वो जरूर आये

उम्मीद की किरण अब भी दिल में है मेरे
वो घड़ी तो आएगा जब मिलन होगा मेरा

एक नज़र देखूँ उसे आँखों को इंतज़ार था
मिलन की बेला का हर वक़्त ख़वाब था

— Raj
रचना का सार
YourQuote.in

66. निशानी

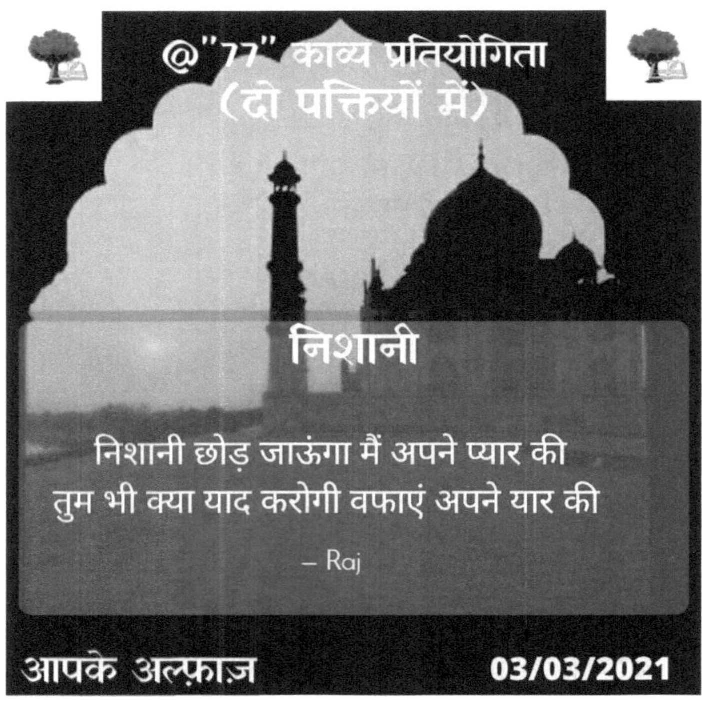

@"77" काव्य प्रतियोगिता
(दो पक्तियों में)
निशानी
निशानी छोड़ जाऊंगा मैं अपने प्यार की
तुम भी क्या याद करोगी वफाएं अपने यार की
– Raj
आपके अल्फ़ाज़
03/03/2021

67. तेरे होठो

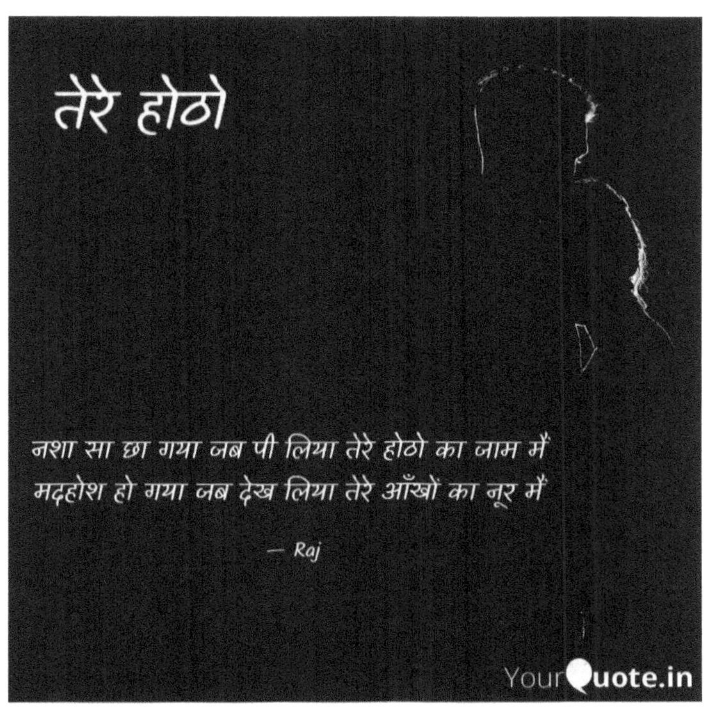

तेरे होठो

नशा सा छा गया जब पी लिया तेरे होठो का जाम मैं
मदहोश हो गया जब देख लिया तेरे आँखों का नूर मैं

— Raj

YourQuote.in

68. भुला देना

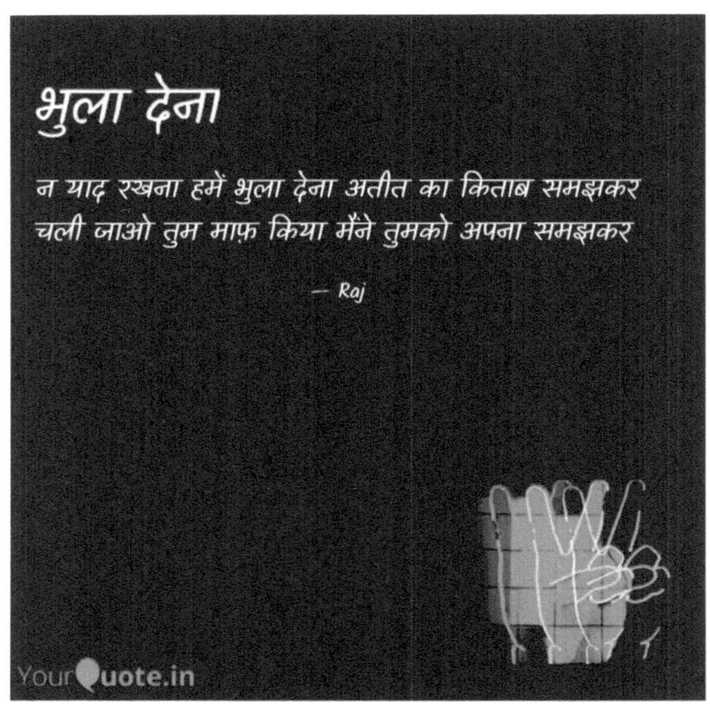
भुला देना

न याद रखना हमें भुला देना अतीत का किताब समझकर
चली जाओ तुम माफ़ किया मैंने तुमको अपना समझकर

— Raj

YourQuote.in

69. नज़ाकत भरा अंदाज़

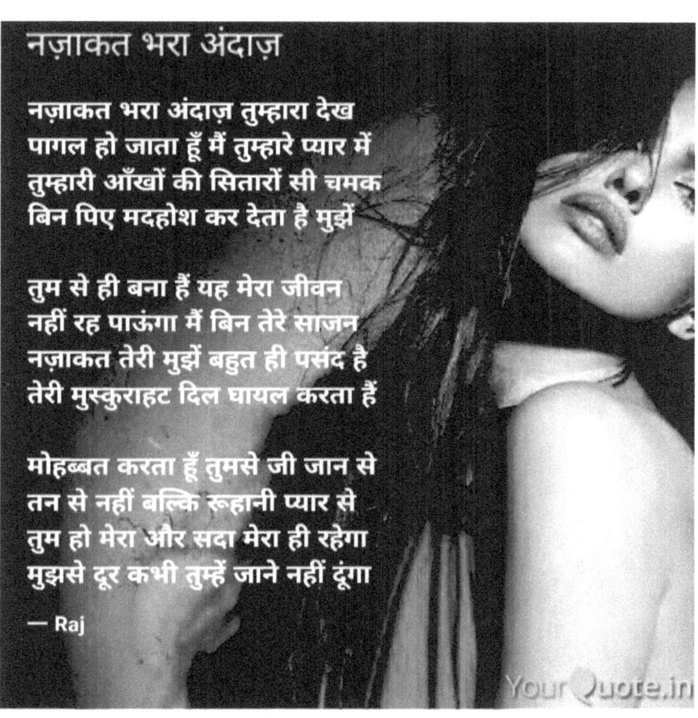

70. जन्म और मृत्यु

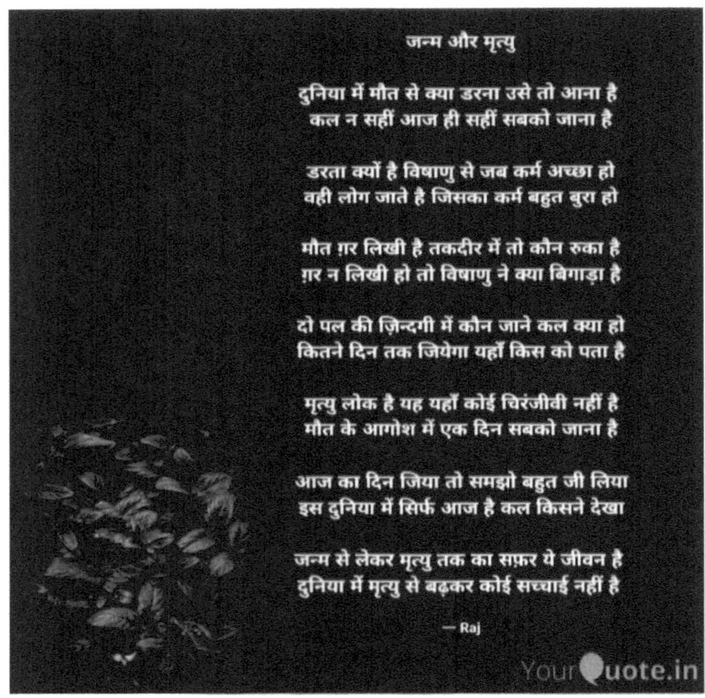

जन्म और मृत्यु

दुनिया में मौत से क्या डरना उसे तो आना है
कल न सहीं आज ही सहीं सबको जाना है

डरता क्यों है विषाणु से जब कर्म अच्छा हो
वही लोग जाते है जिसका कर्म बहुत बुरा हो

मौत ग़र लिखी है तकदीर में तो कौन रुका है
ग़र न लिखी हो तो विषाणु ने क्या बिगाड़ा है

दो पल की ज़िन्दगी में कौन जाने कल क्या हो
कितने दिन तक जियेगा यहाँ किस को पता है

मृत्यु लोक है यह यहाँ कोई चिरंजीवी नहीं है
मौत के आगोश में एक दिन सबको जाना है

आज का दिन जिया तो समझो बहुत जी लिया
इस दुनिया में सिर्फ आज है कल किसने देखा

जन्म से लेकर मृत्यु तक का सफ़र ये जीवन है
दुनिया में मृत्यु से बढ़कर कोई सच्चाई नहीं है

— Raj

71. फूलों सा खुबसूरत

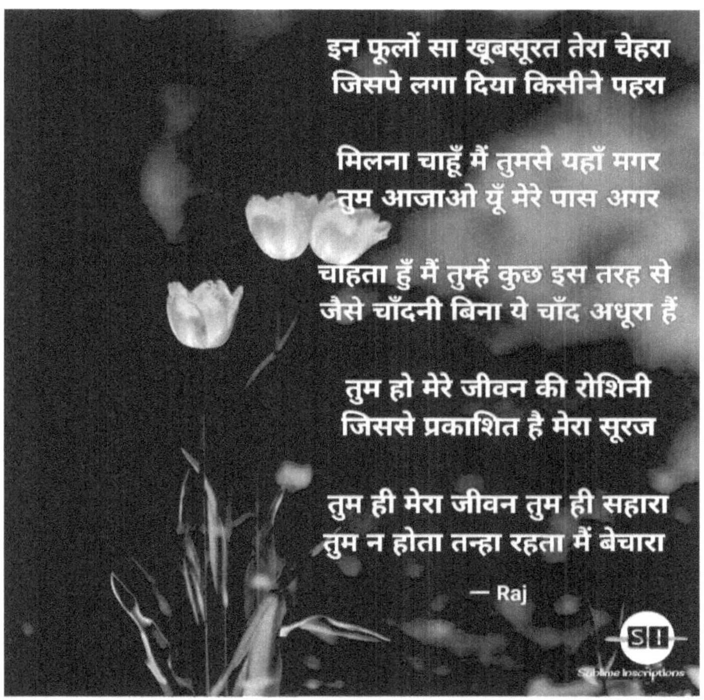

इन फूलों सा खूबसूरत तेरा चेहरा
जिसपे लगा दिया किसीने पहरा

मिलना चाहूँ मैं तुमसे यहाँ मगर
तुम आजाओ यूँ मेरे पास अगर

चाहता हुँ मैं तुम्हें कुछ इस तरह से
जैसे चाँदनी बिना ये चाँद अधूरा हैं

तुम हो मेरे जीवन की रोशिनी
जिससे प्रकाशित है मेरा सूरज

तुम ही मेरा जीवन तुम ही सहारा
तुम न होता तन्हा रहता मैं बेचारा

— Raj

72. परवाह

परवाह

इस क़दर मेरे दिल में परवाह है उसकी
यह इश्क़ की तिलिस्म नहीं तो क्या है

– Raj

आपके अल्फ़ाज़   05/03/2021

73. बस तेरी कमी है

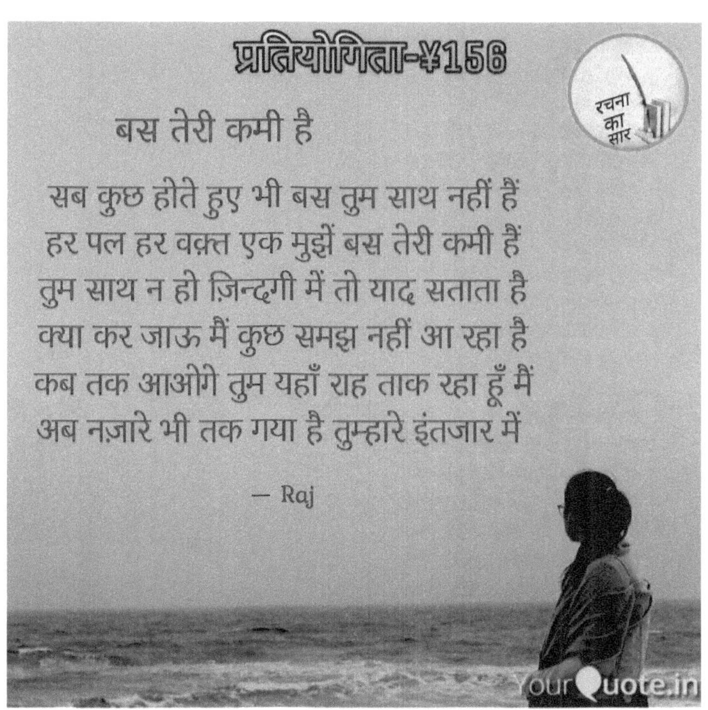

प्रतियोगिता-₹156
बस तेरी कमी है

सब कुछ होते हुए भी बस तुम साथ नहीं हैं
हर पल हर वक़्त एक मुझे बस तेरी कमी हैं
तुम साथ न हो ज़िन्दगी में तो याद सताता है
क्या कर जाऊ मैं कुछ समझ नहीं आ रहा है
कब तक आओगे तुम यहाँ राह ताक रहा हूँ मैं
अब नज़ारे भी तक गया है तुम्हारे इंतजार में

— Raj

74. कुछ नए रंगों से भरी

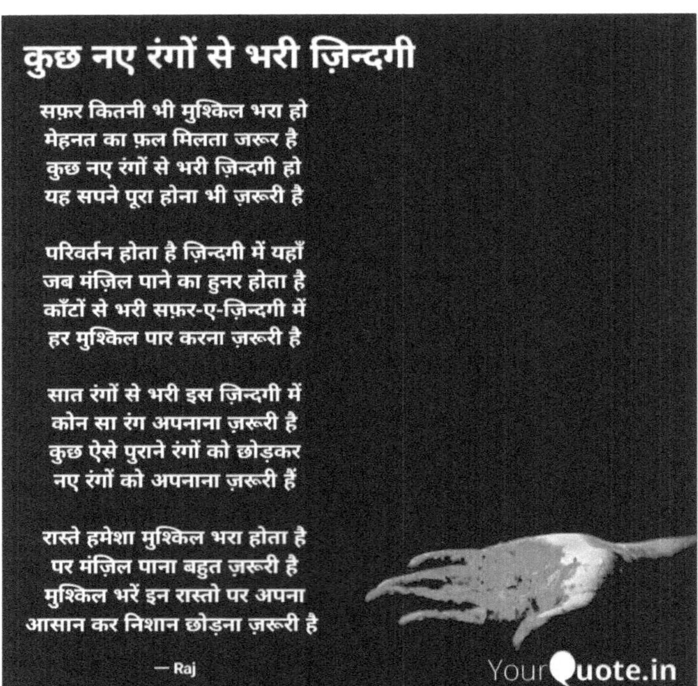

75. सिक्षा और शिक्षक

76. दिल के दर्द

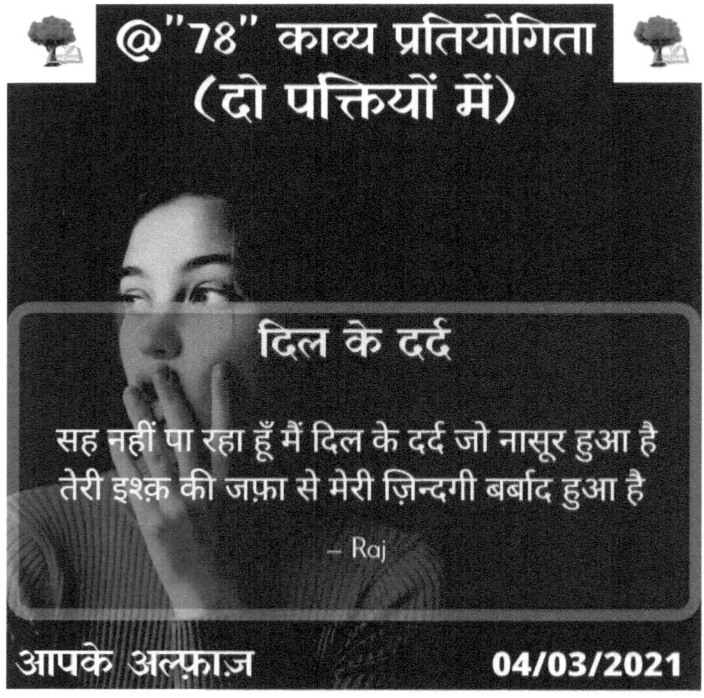

@ "78" काव्य प्रतियोगिता
(दो पंक्तियों में)
दिल के दर्द
सह नहीं पा रहा हूँ मैं दिल के दर्द जो नासूर हुआ है
तेरी इश्क़ की जफ़ा से मेरी ज़िन्दगी बर्बाद हुआ है
– Raj
आपके अल्फ़ाज़
04/03/2021

77. दुःख से हूँ मैं विकल

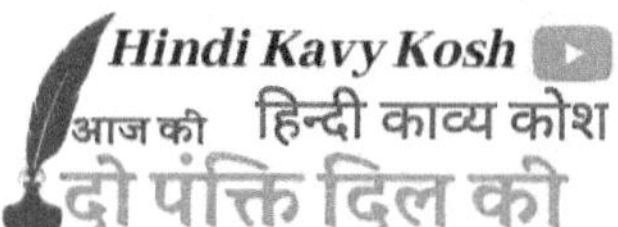

Hindi Kavy Kosh
आज की हिन्दी काव्य कोश
दो पंक्ति दिल की

दुःख से हूँ मैं विकल
लेकिन वेदना किससे कहूँ ?

तन्हाई से हूँ मैं आकुल
यह दर्द मैं किससे कहूँ।

— Raj

कॉमेंट में द्वितीय पंक्ति लिखें

78. तेरी नवाज़िश

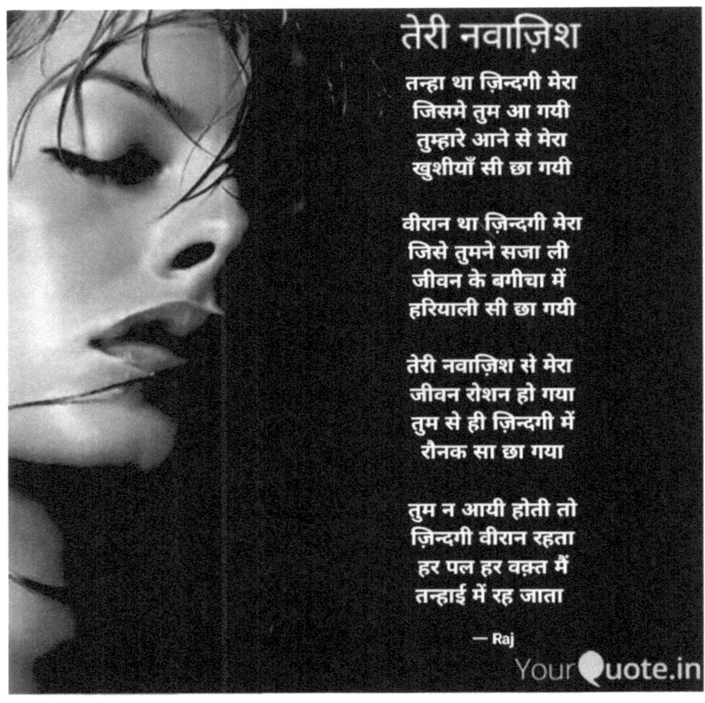
तेरी नवाज़िश

तन्हा था ज़िन्दगी मेरा
जिसमे तुम आ गयी
तुम्हारे आने से मेरा
खुशीयाँ सी छा गयी

वीरान था ज़िन्दगी मेरा
जिसे तुमने सजा ली
जीवन के बगीचा में
हरियाली सी छा गयी

तेरी नवाज़िश से मेरा
जीवन रोशन हो गया
तुम से ही ज़िन्दगी में
रौनक सा छा गया

तुम न आयी होती तो
ज़िन्दगी वीरान रहता
हर पल हर वक़्त मैं
तन्हाई में रह जाता

— Raj

79. खिलने से पहले

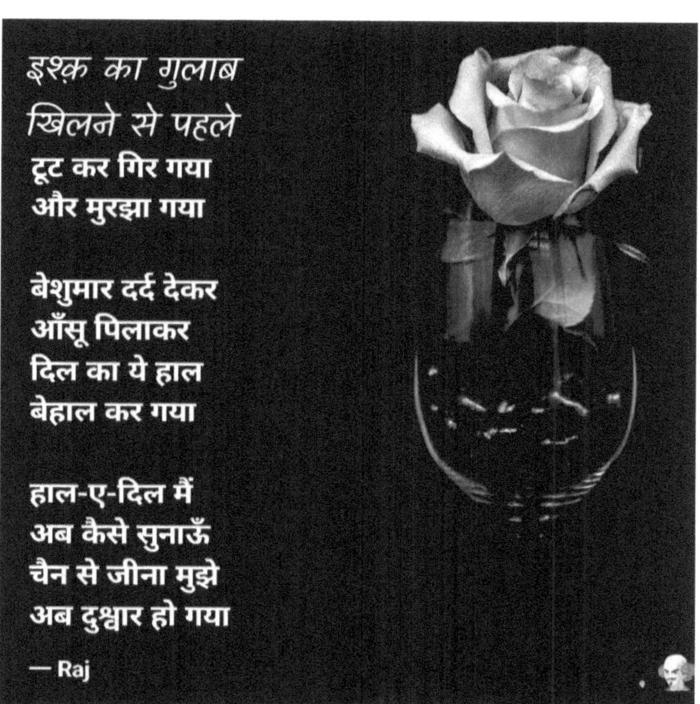

इश्क़ का गुलाब
खिलने से पहले
टूट कर गिर गया
और मुरझा गया

बेशुमार दर्द देकर
आँसू पिलाकर
दिल का ये हाल
बेहाल कर गया

हाल-ए-दिल मैं
अब कैसे सुनाऊँ
चैन से जीना मुझे
अब दुश्वार हो गया

— Raj

80. अधरा प्यार

@"81" काव्य प्रतियोगिता (दो पंक्तियों में)

81. तुमसे दूर

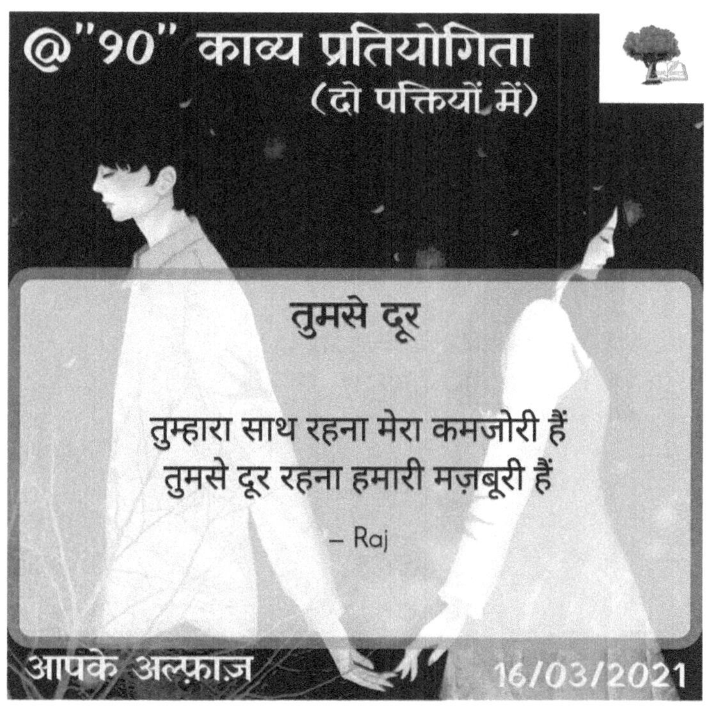

@ "90" काव्य प्रतियोगिता
(दो पंक्तियों में)

तुमसे दूर

तुम्हारा साथ रहना मेरा कमजोरी हैं
तुमसे दूर रहना हमारी मज़बूरी हैं

– Raj

आपके अल्फ़ाज़

16/03/2021

82. हर चीज़

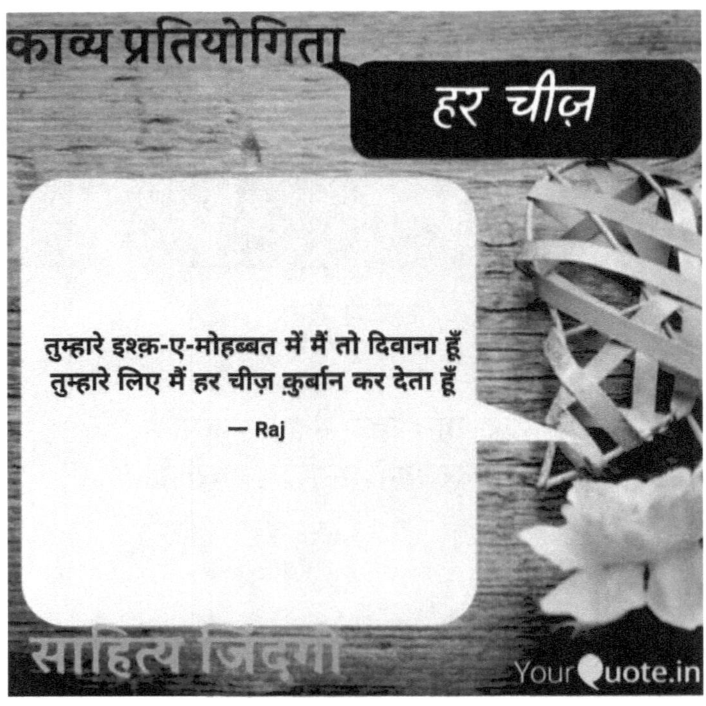

काव्य प्रतियोगिता
हर चीज़
तुम्हारे इश्क़-ए-मोहब्बत में मैं तो दिवाना हूँ
तुम्हारे लिए मैं हर चीज़ क़ुर्बान कर देता हूँ
— Raj
साहित्य जिंदगी
YourQuote.in

83. बेखबर

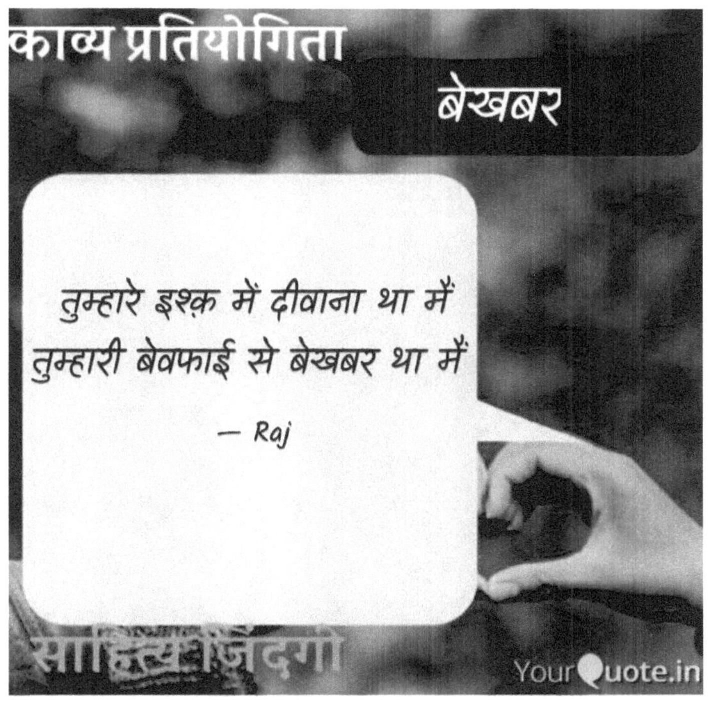

काव्य प्रतियोगिता
बेखबर
तुम्हारे इश्क़ में दीवाना था मैं
तुम्हारी बेवफाई से बेखबर था मैं
— Raj
साहित्य जिंदगी
YourQuote.in

84. बर्बाद हूँ

बर्बाद हूं
तुम्हारे प्यार में मेरा हाल-ए-दिल बेहाल हैं
बर्बाद हुँ मैं इस तरह की बहुत बुरा हाल हैं
— Raj
YourQuote.in

85. मासूमियत

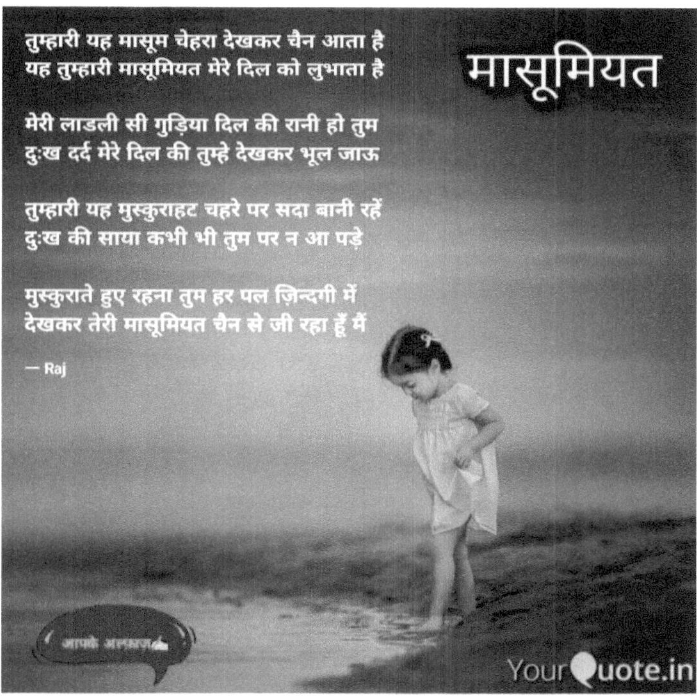

तुम्हारी यह मासूम चेहरा देखकर चैन आता है
यह तुम्हारी मासूमियत मेरे दिल को लुभाता है

मेरी लाडली सी गुड़िया दिल की रानी हो तुम
दुःख दर्द मेरे दिल की तुम्हे देखकर भूल जाऊ

तुम्हारी यह मुस्कुराहट चहरे पर सदा बानी रहें
दुःख की साया कभी भी तुम पर न आ पड़े

मुस्कुराते हुए रहना तुम हर पल ज़िन्दगी में
देखकर तेरी मासूमियत चैन से जी रहा हूँ मैं

— Raj

मासूमियत
Your Quote.in

86. वजूद मेरा

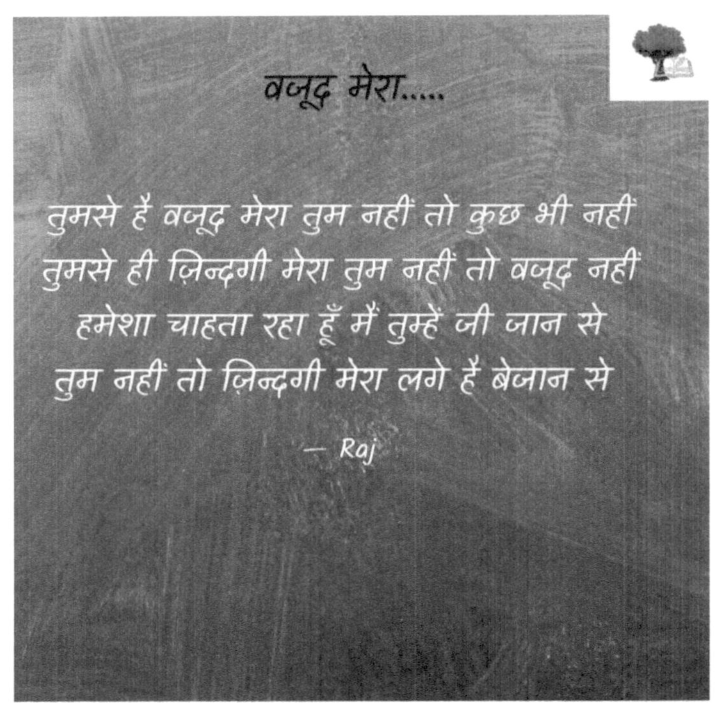

वजूद मेरा.....

तुमसे है वजूद मेरा तुम नहीं तो कुछ भी नहीं
तुमसे ही ज़िन्दगी मेरा तुम नहीं तो वजूद नहीं
हमेशा चाहता रहा हूँ मैं तुम्हें जी जान से
तुम नहीं तो ज़िन्दगी मेरा लगे है बेजान से

— Raj

87. मेरी ख़ुशी

@
"82"
काव्य प्रतियोगिता
(दो पंक्तियों में)

मेरी ख़ुशी

तुम से ही मेरी ज़िन्दगी हैं
तुम्हारी ख़ुशी में ही मेरी ख़ुशी हैं

– Raj

08/03/2021

88. पता भेज दो अपना

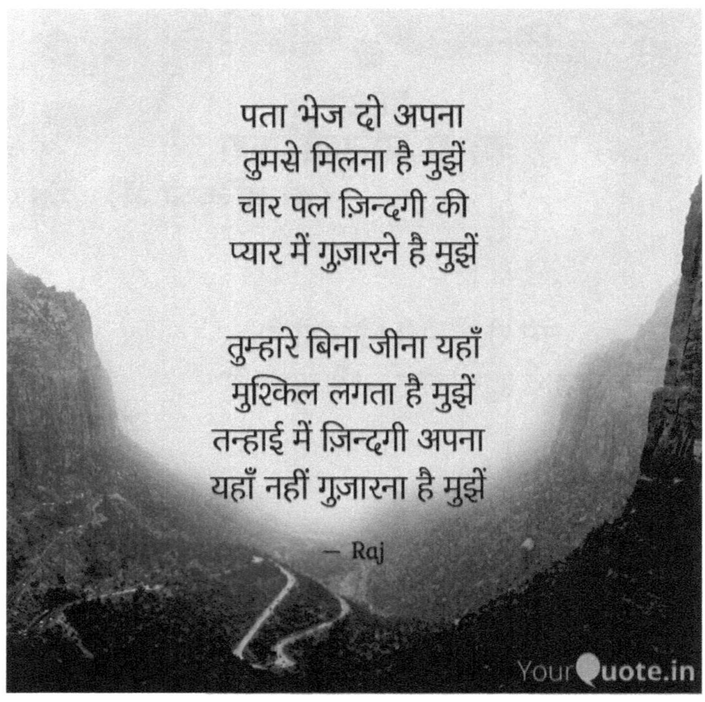

पता भेज दो अपना
तुमसे मिलना है मुझें
चार पल ज़िन्दगी की
प्यार में गुज़ारने है मुझें

तुम्हारे बिना जीना यहाँ
मुश्किल लगता है मुझें
तन्हाई में ज़िन्दगी अपना
यहाँ नहीं गुज़ारना है मुझें

— Raj

89. उलझे हैं हम जदगी के

उलझे हैं हम ज़िंदगी के सवालों में

उलझें हैं हम ज़िन्दगी के सवालों में
नहीं है जवाब सवालों के ख़यालो में
कुछ सवाल होते हैं जो उलझा देते हैं
कुछ सवाल का जवाब मिल जाते हैं
यह ज़िन्दगी है कहीं सवाल होता हैं
सबका जवाब मिलना मुश्किल होता हैं
कभी यह सवाल परेशान कर देता हैं
कभी यह रातों का नींद उड़ा देता हैं
जीना यहाँ बिन सवालों के मुश्किल है
और अगर सवाल हो तो भी मुश्किल है
समझ नहीं आ रहा जिए तो कैसे जिए
सवाल उठाता है ये तुमने क्या किए
क्या जवाब दूँ मैं इस सवाल का अब
जो किया वो किया क्या करूँ मैं अब

— Raj

90. उलझन

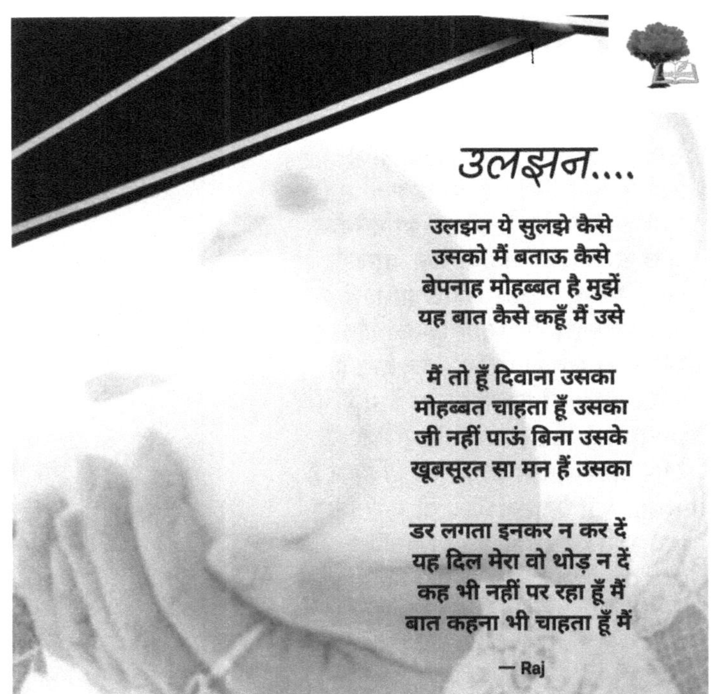

उलझन....

उलझन ये सुलझे कैसे
उसको मैं बताऊ कैसे
बेपनाह मोहब्बत है मुझें
यह बात कैसे कहूँ मैं उसे

मैं तो हूँ दिवाना उसका
मोहब्बत चाहता हूँ उसका
जी नहीं पाऊं बिना उसके
खूबसूरत सा मन हैं उसका

डर लगता इनकर न कर दें
यह दिल मेरा वो थोड़ न दें
कह भी नहीं पर रहा हूँ मैं
बात कहना भी चाहता हूँ मैं

— Raj

91. आशाओ की चौक

Hindi Kavy Kosh
हिन्दी काव्य कोश
एक कदम साहित्य की ओर
आज की
हिन्दी काव्य कोश
दो पंक्ति दिल की
आशाओं की चौक पूर कर,
मैं एक दीप जला लेती हूँ
उम्मीदों की किरण जगा कर
जीवन को रोशन कर लेती हूँ
— Raj
कॉमेंट में द्वितीय पंक्ति लिखें
© आज की 'दो पंक्ति दिल की' कार्यक्रम के अंतर्गत हिन्दी काव्य कोश द्वारा दी गई एक पंक्ति पर उन रचनाकारों का अधिकार होगा जो इसकी दूसरी पंक्ति लिखते हैं।
कोई भी रचनाकार इन पंक्तियों के प्रयोग कर अपनी रचना लिख सकता है अथवा अपनी रचना में सम्मलित कर सकता है।

92. शहर के रंग में

Hindi Kavy Kosh
आज की
हिन्दी काव्य कोष
दो पंक्ति दिल की
शहर के रंग में गाँव को मैंने,
रँगते हुए आज देखा है।

विकास की और अग्रसर मैंने,
हर गली लोगों को देखा हैं।

— Raj

कॉमेंट में द्वितीय पंक्ति लिखें

93. स्मृतियों का खुला पिटारा

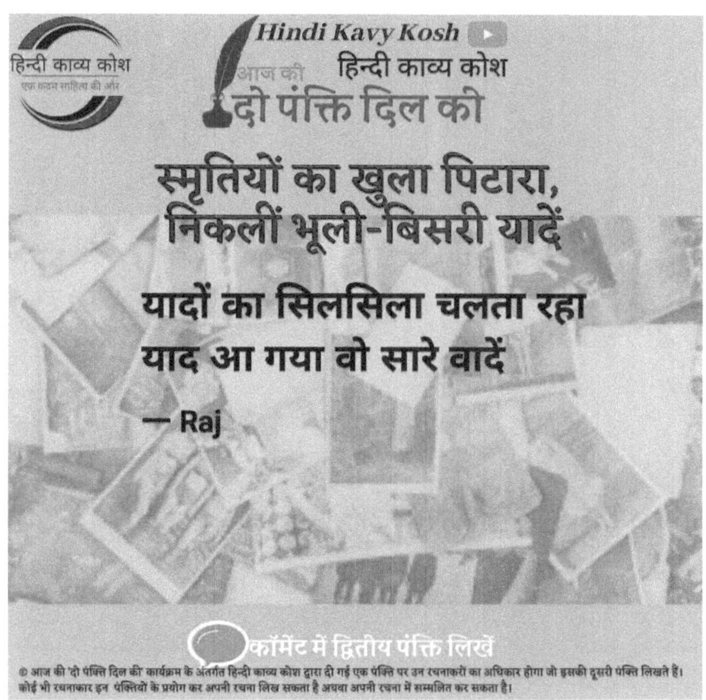

94. ये सोचते रहिये

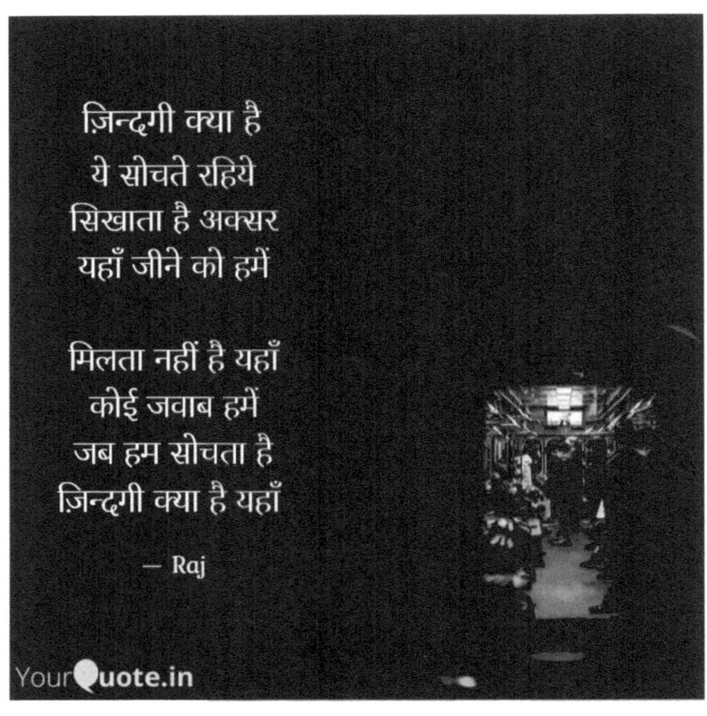
ज़िन्दगी क्या है
ये सोचते रहिये
सिखाता है अक्सर
यहाँ जीने को हमें

मिलता नहीं है यहाँ
कोई जवाब हमें
जब हम सोचता है
ज़िन्दगी क्या है यहाँ

— Raj

YourQuote.in

95. विश्व रंगमंच और हिंदी रंगमंच

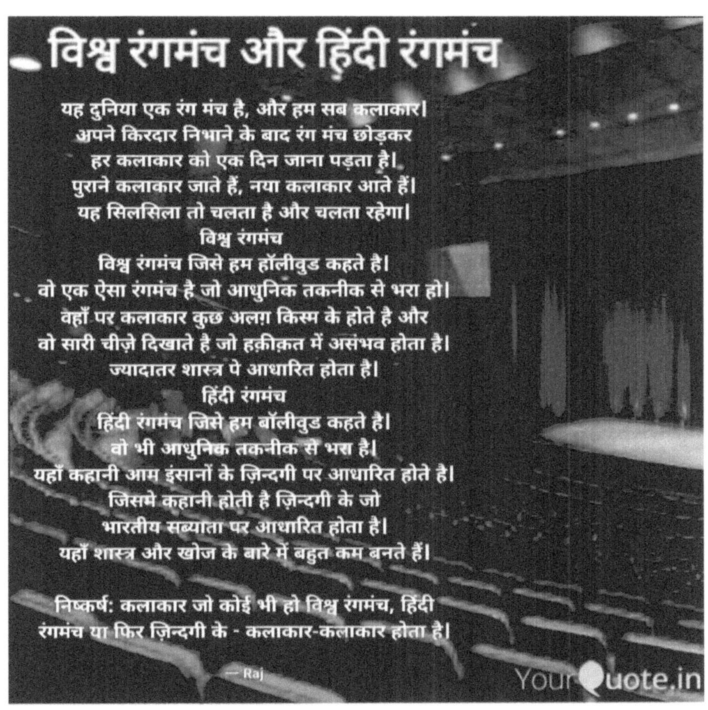

96. रोज सुबह

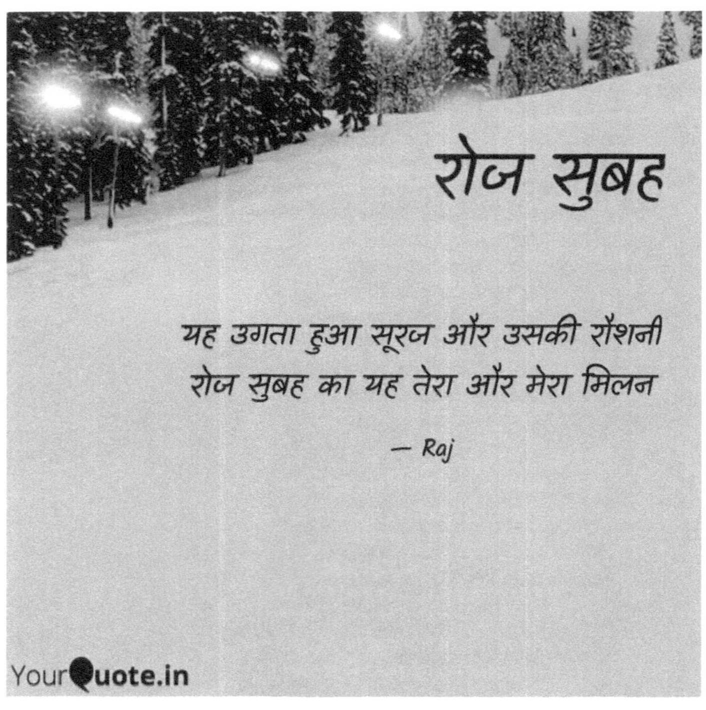

रोज सुबह

यह उगता हुआ सूरज और उसकी रौशनी
रोज सुबह का यह तेरा और मेरा मिलन

— Raj

YourQuote.in

97. कितनी भी रुकावटें हो

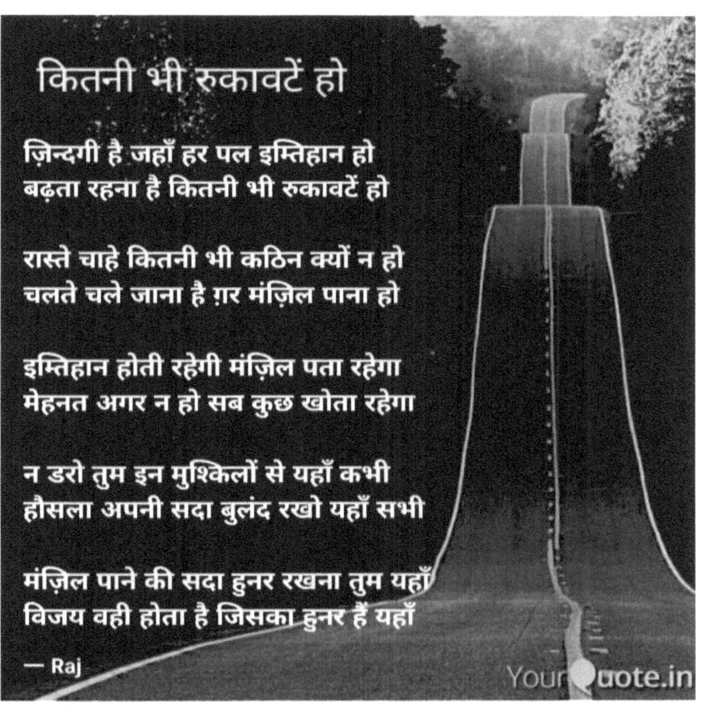

98. तू ज़रूरी है

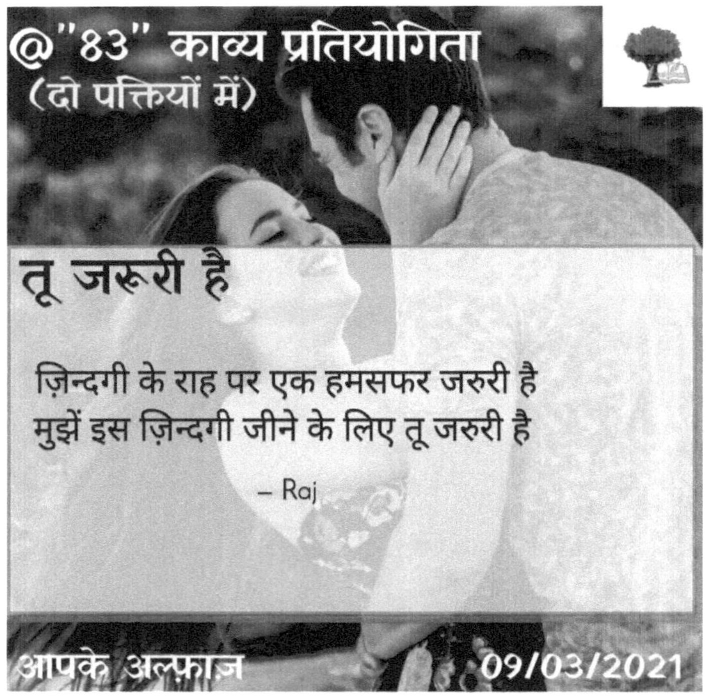
@ "83" काव्य प्रतियोगिता
(दो पक्तियों में)

तू जरूरी है

ज़िन्दगी के राह पर एक हमसफर जरुरी है
मुझें इस ज़िन्दगी जीने के लिए तू जरुरी है

– Raj

आपके अल्फाज़   09/03/2021

99. हक़ का सिलसिला

ज़िन्दगी की भी क्या कहना जहाँ देखूँ हक़ का सिलसिला
कोनसा हक़ मांगता है यह दुनिया सुनकर उठा बिलबिला

जहाँ आत्मा का हक़ शरीर पर ना हो फिर कैसा हक़ है यहाँ
चाँद सूरज घर पैसा जिस्म सब का मोल कुछ नहीं हैं यहाँ

यह दुनिया यह ज़मीन यह आसमान सब रह जाता है यहाँ
जब होता है हमेशा के लिए जिस्म से दूर यह आत्मा यहाँ

छह फुट ज़मीन या फिर अर्थी पर अग्नि के हवाले होता हैं
मिट्टी का बना यह जिस्म सिर्फ मिट्टी में ही मिल जाता है

जब है ही नहीं वजूद अपनी तो हक़ है किस बात का
न जाने क्यों झगड़ते हैं ये दो गज ज़मीन की बात का

— Raj

100. तेरी कमी

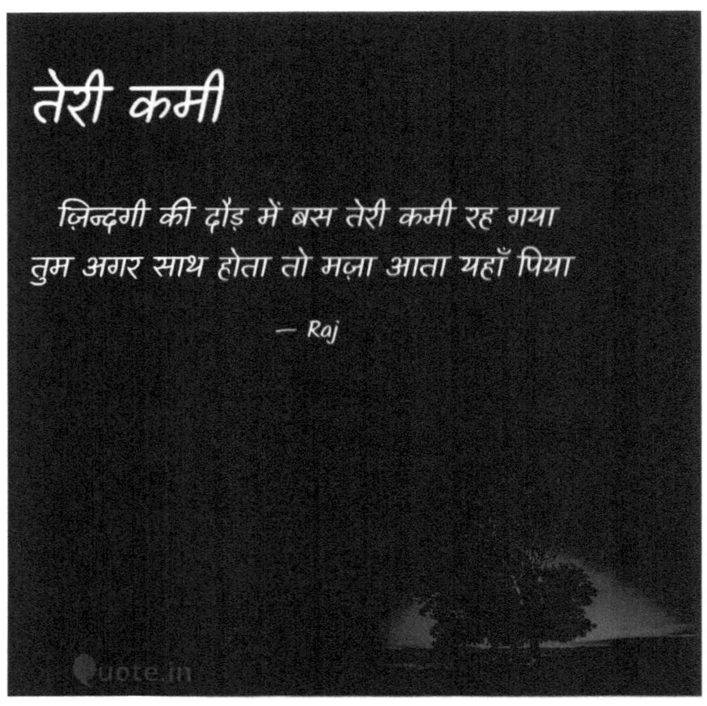

अस्वीकरण

सभी रचनाएँ कल्पना पर आधारित हैं। इसका लेखक के जीवन या ब्रह्मांड में किसी से कोई लेना-देना नहीं है। सभी लेख काल्पनिक हैं और किसी जीवित या मृत व्यक्ति से कोई समानता नहीं है। यदि कोई समानता है तो यह मात्र संयोग है।

लेखक की जीवनी

श्री के.सी. श्रीराज मेनन, जिनका जन्म केरल के एक संपन्न परिवार में 09 सितंबर 1973 को श्री कोझीपुरथ संकुन्नी मेनन और श्रीमती किज़हारा चालापुरथ सेथुलक्ष्मी मेनन के घर हुआ और महाराष्ट्र में अधिवासित हैं। वह बचपन से ही तेज-तर्रार शायरी करते थे, कहते और भूल जाते थे। एक बार उनके एक करीबी दोस्त ने इस पर गौर किया और उन्हें जो भी कविताएँ या उद्धरण कहते थे, उन्हें लिखने के लिए मजबूर किया और तब से उन्होंने लिखना शुरू कर दिया। उन्होंने अपनी कविताओं और उद्धरणों को अपने और अपने करीबी दोस्तों के पास तब तक सीमित रखा जब तक उन्हें अपने कामों को ऑनलाइन लिखने के लिए एक मंच नहीं मिला। वह Your Quote साइट पर एक सक्रिय लेखक हैं और उन्हें प्रतियोगिता के लिए कई प्रशंसापत्र और प्रमाणपत्र प्राप्त हुए हैं। वह एक बहुभाषी लेखक हैं और उनका लेखन विस्मयकारी है। चाहे वह अंग्रेजी, हिंदी, उर्दू, मलयालम और मराठी हो, वह सभी भाषाओं में उत्कृष्ट है। वह कई दिलचस्प लेखकों के लिए एक बड़ी प्रेरणा भी हैं। वह मुंबई विश्वविद्यालय से स्नातक हैं। वह एक एकाउंटेंट हैं और एक स्व-शिक्षित कंप्यूटर इंजीनियर भी हैं। उनके कौशल शीर्ष पायदान पर हैं और उनके पास कई प्रमाणपत्र हैं। अभिनय, लेखन, पेंटिंग और नृत्य और संगीत सुनना आदि... आदि उनके जुनून हैं।
Mail Id:- shreeraj_m@yahoo.co.uk